Jörg J. G. Senn-Bilfinger

MAGEN IM GLÜCK

PANTOPRAZOL

Kleines Molekül – große Wirkung

novum pro

Dieses Buch ist auch als
e-book
erhältlich.

www.novumverlag.com

Bibliografische Information
der Deutschen Nationalbibliothek:

Die Deutsche Nationalbibliothek
verzeichnet diese Publikation in
der Deutschen Nationalbibliografie.
Detaillierte bibliografische Daten
sind im Internet über
http://www.d-nb.de abrufbar.

Gedruckt in der Europäischen Union
auf umweltfreundlichem, chlor- und
säurefrei gebleichtem Papier.

© 2024 novum Verlag

ISBN 978-3-948379-89-6
Lektorat: Lektorat KL
Umschlag- & Innenabbildungen:
Hanna Bilfinger
Umschlaggestaltung, Layout & Satz:
novum Verlag
Autorenfoto: Hanna Bilfinger

www.novumverlag.com

Druckprodukt mit finanziellem
Klimabeitrag
ClimatePartner.com/16547-2311-1001

Vorwort

Vorweg geschickt: Dieses Buch ist keine Behandlungsanleitung und ersetzt auch nicht die fachkundige Begleitung durch Ärztinnen, Ärzte, Apothekerinnen oder Apotheker. Sprechen Sie mit diesen Experten, falls Sie selbst Pantoprazol nutzen und Fragen haben. Denn dieses Buch ist keine Selbsthilfelektüre.

Vielmehr möchte ich Ihnen die Wirkweise von Pantoprazol vermitteln, das seit 1994 inzwischen mehreren Milliarden Menschen mit Magensäureproblemen Linderung verschafft hat. Tiefe Einblicke in Sicherheits- und Verträglichkeitsstudien, die vor der Zulassung durchgeführt wurden, werden hier erstmals populärwissenschaftlich publiziert.

Dies ist die Geschichte von der Idee, über die Entwicklung, der Zulassung bis zur Eroberung des Weltmarkts. Werfen Sie mit mir einen Blick hinter die Kulissen der Forschung und der Pharmaindustrie.

Den Grund meiner Begeisterung für das Thema lege ich auch gleich am Anfang offen: Ich durfte an der Entwicklung des Medikaments mitwirken und freue mich bis heute, welcher Beitrag zu einer schmerzfreieren Welt der Konstanzer Firma Byk Gulden mit diesem Medikament gelungen ist.

Konstanz im Frühjahr 2024
Jörg J. G. Senn-Bilfinger

Inhaltsverzeichnis

TEIL 2

TEIL 1

Gefühlsausbruch in der Apotheke

Warum müssen die immer die Klimaanlage im Flugzeug so niedrig einstellen? Es reichte ja schon, dass sie wegen einer nichtsnutzigen Tagung nach Hamburg fliegen musste, aber dann auch noch eine Erkältung! Die bahnte sich bereits durch ein Kribbeln in der Unterlippe an. Herpes! Da muss schnellstens Abhilfe geschaffen werden, noch bevor sie das Flugzeug für den Rückflug besteigt. Die Zeit reicht gerade noch, um die Flughafen-Apotheke aufzusuchen. Die gepflegt aussehende Apothekerin mit hochgestecktem Haar und Perlenkette fragt nach dem Wunsch.

„Ich hätte gerne Aciclovir."

„Wie bitte, Sie meinen doch sicher eine Creme gegen Herpes?"

Jetzt erst fällt ihr auf, dass sie den Wirkstoffnamen für das Mittel erwähnt hatte. Typisch! Sie ist durch ihren Ehemann vollständig „versaut". Der Herr medizinischer Chemiker verwendet natürlich keine Handelsnamen, sondern den Wirkstoffnamen. Nun, die Apothekerin hat sie verstanden.

„Da gibt es einige Generika und natürlich das Originalprodukt. Der Preisunterschied ist beträchtlich."

„Ich nehme nur das Original. Wissen Sie, ich weiß, welcher Entwicklungsaufwand in so einem Mittel steckt. Mein Mann war einer der Väter von **Pantoprazol**.*"*

Pantoprazol
verhindert die Sekretion von Magensäure durch Hemmung der sogenannten Säurepumpe, die auch als Protonenpumpe bezeichnet wird. Daher werden Medikamente aus dieser Klasse Protonenpumpenhemmer oder auch Protonenpumpeninhibitoren (PPIs) genannt. Mit ihnen kann die Bildung

von Magensäure sehr stark, wenn nötig sogar vollständig unterbunden werden. Für manche Menschen sind PPIs die einzigen Medikamente, die sie vor Magenoperationen bewahren. Pantoprazol wurde bei der früheren Firma Byk Gulden (Konstanz) entwickelt und erhielt 1994 seine Zulassung für Deutschland.

Mit einem Schlag verändert sich das Gesicht der Apothekerin. Sie reißt die Augen auf, ihre Hände fahren vor den Mund, und ungehemmt bricht es aus ihr heraus: „Oh neiiiiiiin." Die Kundin starrt sie ungläubig an. So eine Reaktion hatte sie nicht erwartet. Die Apothekerin fasst sich wieder.

„Sagen Sie Ihrem Mann, er hat hunderte, ja tausende Menschenleben gerettet! Wissen Sie", fährt die Pharmazeutin fort, „ich habe meinen Vater so jämmerlich verloren. Er wurde nur 61 Jahre alt und dabei war er vor seiner Krankheit so ein gesunder und lebensfroher Mensch! Hätte es dieses Mittel damals schon gegeben, wäre er wahrscheinlich noch heute am Leben. Es waren immer wieder Magenoperationen nötig. Jedes Mal wurde ein Stückchen mehr entfernt. Am Schluss war kaum noch etwas vom Magen übrig. Er war so schwach, dass er künstlich ernährt werden musste. Das hat aber auch nichts geholfen. Er wurde von Tag zu Tag weniger, und wir mussten zusehen, wie er regelrecht wegschmolz. Nichts konnte ihm helfen. Er ist dann zwar nicht verhungert, aber durch seinen schlechten Zustand schließlich an den Folgen einer einfachen Erkältung verstorben. Sagen Sie Ihrem Mann, dass man heute dankbar sein kann, nicht so jämmerlich eingehen zu müssen. Es ist ein Segen, dass der Menschheit solche Medikamente zur Verfügung stehen."

Sie versprach, alles auszurichten, war aber nun sehr in Eile. Der Flieger wartete schon. Also das Herpesmittel bezahlt und los gehetzt. Doch die Begebenheit beschäftigte sie den ganzen Flug über. Ja, nicht mehr jämmerlich eingehen zu müssen, das ist doch ein Segen! Aber warum hatte die so beherrscht wirkende Apothekerin so extrem reagiert, als das Wort Pantoprazol fiel?

Kurzer Überblick über den Magen und seine Funktionen: Nicht nur ein schlaffer Sack!

Zu unserem Magen haben wir Menschen ein direktes und inniges Verhältnis: im Guten wie im Schlechten. Deswegen gibt es viele Sprüche und Weisheiten über diese enge Beziehung. Ganz nüchtern betrachtet ist der Magen ein muskulöses, einräumiges Verdauungsorgan zwischen der Speiseröhre und dem Darm. Er liegt unter dem Zwerchfell und sein tiefster Punkt befindet sich ungefähr auf Höhe des Nabels. In ihm wird die Nahrung kurzzeitig gespeichert und zerkleinert sowie durch Magensäure (Salzsäure) und Enzyme teilweise vorverdaut. Außerdem führt der saure Magensaft zur Abtötung der mit den Speisen zugeführten Bakterien und ist somit ein wichtiger Schutz gegen Infektionen.

Aber von wegen schlaff! Das ist er nur im leeren Zustand. Wenn jedoch über die Speiseröhre Nahrung in ihn gelangt, bewirkt das kräftige Muskelgewebe in der äußeren Magenwand eine Verkleinerung der Speise und eine intensive Durchmengung des Nahrungsbreis mit dem sauren Magensaft. Schließlich wird der saure Nahrungsbrei nach ein bis sechs Stunden portionsweise durch den Magenpförtner (Pylorus) – ein Ringmuskel am Magenausgang – in den Zwölffingerdarm (Duodenum) durchgeschoben. Flüssigkeiten, die auf nüchternen Magen eingenommen werden, verlassen den Magen bedeutend schneller (10 bis 20 Minuten). Im Darm findet nach weiterer Aufbereitung des Speisebreis (Chymus) die Aufnahme (Resorption) der Nährstoffe statt. Auch Arzneistoffe werden im Darm resorbiert.

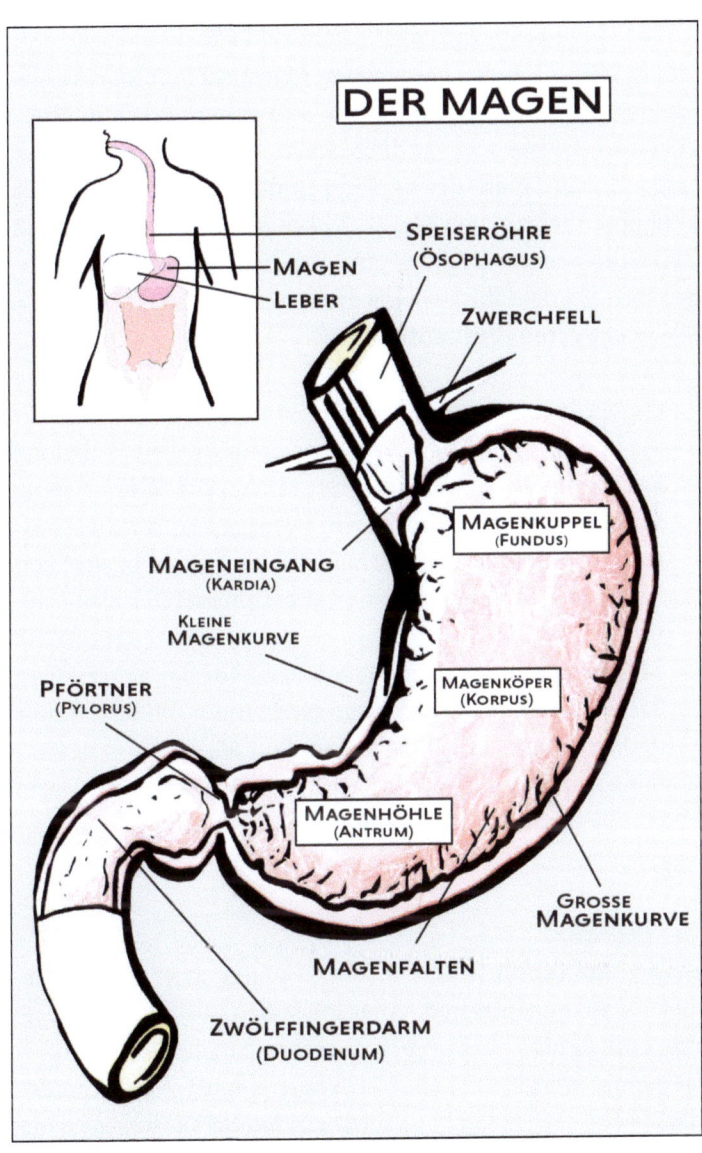

Abb. 1: Magen im Überblick.

Auf der Innenseite wird die Magenwand von der faltigen, mit vielen Einsenkungen versehenen Magenschleimhaut ausgekleidet, die im gesunden Magen von zähem Schleim überzogen ist. Dieser schützt die Magenschleimhaut davor, sich selbst zu verdauen. Etwas tiefer in der Magenschleimhaut sitzt eine Vielzahl von Magendrüsen, die mit verschiedenen Zellarten besetzt sind. Sie sind für die Produktion des Magensafts – ungefähr zwei bis drei Liter pro Tag – zuständig. Die wichtigsten Bestandteile sind:

- die Verdauungsenzyme Pepsin (Vorstufe Pepsinogen) für die Eiweißverdauung sowie Lipasen für die Fettverdauung
- Salzsäure, die den benötigten sauren **pH-Wert** für die Verdauungsarbeit von Pepsin besorgt und für die Abtötung von Bakterien entscheidend ist. Pepsin besitzt seine höchste Verdauungsaktivität bei einem niedrigen (sauren) pH-Wert.
- Magenschleim, der die Magenwand vor der aggressiven Salzsäure und den Verdauungsenzymen schützt, damit die Magenwand nicht selbst verdaut wird.
- der sogenannte Intrinsic Factor, ein Eiweiß, das im Darm für die Aufnahme von Vitamin B12 benötigt wird.

Der pH-Wert
ist ein Maß für die Säurekonzentration (genauer die Wasserstoffionenkonzentration) einer wässrigen Lösung. Eine neutrale Lösung besitzt einen pH-Wert von 7. In sauren Lösungen ist der pH-Wert kleiner als 7. Lösungen mit pH-Werten größer als 7 werden als basisch bezeichnet. Reines Wasser ist neutral und besitzt einen pH-Wert von 7. Blut ist schwach basisch (pH-Wert 7,4). Im nüchternen Magen werden pH-Werte zwischen 1 und 3 erreicht (stark sauer). Noch tiefere pH-Werte (pH-Wert 0,8) liegen in den Belegzellen des Magens vor. Sie produzieren bis zu drei Liter Magensäure täglich.

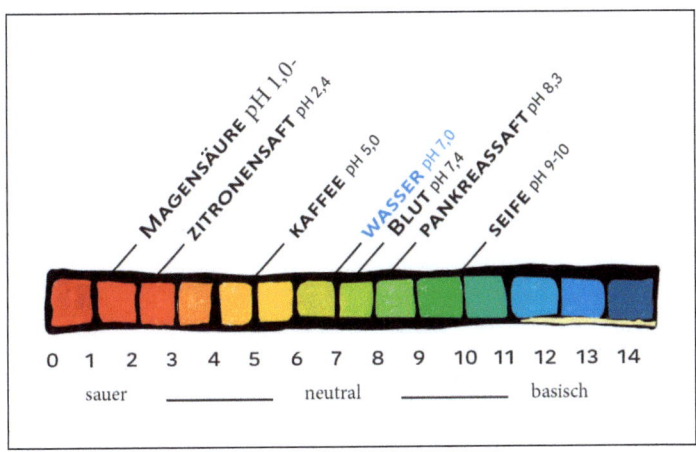

Abb. 2: pH Skala mit einigen Beispielen.
Der pH-Wert ist ein Maß für den Säuregrad (Azidität) einer wässrigen Lösung. Die Messung des pH-Wertes im Magen kann mit einer pH-Elektrode an der Spitze eines dünnen Schlauchs, der über die Nase und die Speiseröhre in den Magen eingeführt wird, erfolgen. Die pH Skala ist logarithmisch aufgebaut, d. h. z. B. pH-4 ist 10-mal so sauer wie pH-5; oder pH-1 ist 10.000-mal so sauer wie pH-5.

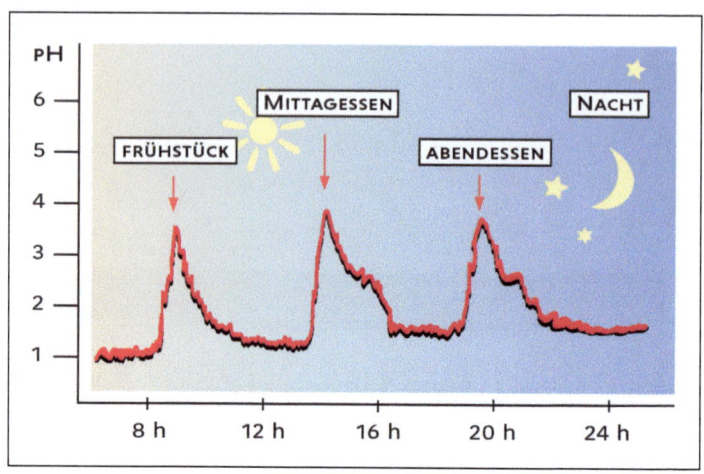

Abb. 3: Magen pH-Werte von 20 Probanden (gemittelt)
im Tagesverlauf.
Mahlzeiten puffern die Magensäure und führen zu kurz-
zeitigen pH-Anhebungen.
Danach bewegen sich die pH-Werte meist im stark sau-
ren Bereich (pH-1 und pH-2).

Sogenannte **Säurelocker**, wie zum Beispiel Kaffee oder Schokolade, stimulieren die Belegzellen. Sie können zu einer chronischen Säurebelastung führen und Krankheiten im Magen und Darm sowie in der Speiseröhre auslösen. Mit **Säureblackern** werden dagegen niedrige (saure) pH-Werte verhindert und damit die Selbstverdauung der Magenschleimhaut vermieden. Genügend gesunder Magenschleim verhindert die Selbstverdauung der Magenwand. Andernfalls können Geschwüre im Magen oder Darm entstehen. Magengeschwüre sind oberflächliche Entzündungen, die den ganzen Magen betreffen können. Sie können bei üblen Schädigungen bis tief in die Magenschleimhaut hineinragen (Ulkus).

Krankheiten, bei denen der Säureblocker Pantoprazol erfolgreich eingesetzt werden kann, sind im Kapitel Indikationen und Zulassungen zusammengefasst. Eine Vertiefung und Veranschaulichung der jeweiligen Anwendungen folgt in einzelnen Kapiteln nach der Beschreibung der einzigartigen Hemmung der Säurepumpe durch Pantoprazol im Mittelteil des Buches.

Säurelocker
können Nahrungsmittel wie zum Beispiel Kaffee sein, die zu einer Steigerung der Magensäureproduktion führen. Saure Lebensmittel, z. B. Zitronensaft (pH-Wert 2,4) wirken dagegen direkt nach dem Schlucken auf den Magen.

Säureblocker
sind Medikamente, die die Sekretion von Magensäure hemmen. Zu dieser Gruppe von Medikamenten zählen Anticholinergika, wie z. B. Atropin, H2-Antihistaminika und Protonenpumpenhemmer wie z. B. Pantoprazol oder Omeprazol.

Magenoperation als letzter Ausweg:
Ohne Säure kein Ulkus

Was Patienten mit schweren Magen-Darm-Krankheiten früher erleiden mussten, ist an der spontanen Reaktion der Hamburger Apothekerin erkennbar. Bis weit in die 1970er Jahre waren Magenoperationen die einzige Möglichkeit, die erhöhte Magensäure dieser Patienten zu reduzieren. Dabei ist die Leidensgeschichte des Vaters der Apothekerin typisch für die verzweifelten Bemühungen der Chirurgen, die Ursachen für das Leiden zu bekämpfen. Ohne die genauen Ursachen zu kennen, hatte man hundert Jahre zuvor begonnen, erste operative Entfernungen von Teilen des Magens (Magenresektion) bei Patienten mit **Magen- und Zwölffingerdarmgeschwüren** erfolgreich durchzuführen. Die nach dem deutsch-österreichischen Chirurgen Theodor Billroth benannte Operationstechnik, bei der ein Teil des unteren Magenbogens (Antrum) entfernt wird, kommt heute noch zur Anwendung, allerdings nur in äußerst seltenen Fällen (Billroth-II-Magenresektion).

Magen- und Zwölffingerdarmgeschwüre
sind Defekte der Magenschleimhaut bzw. des Zwölffingerdarms, die durch ihre Schleimschicht bis zur Magen- bzw. Darmwand reichen können. Das Magengeschwür wird als Ulcus ventriculi, das Zwölffingerdarmgeschwür als Ulcus duodeni bezeichnet. Der Zwölffingerdarm (Duodenum) ist der erste, etwa zwölf Finger breite Abschnitt des Dünndarms.

30 Jahre später (1910) formulierte der Österreicher Karl Schwarz, Primararzt und Forscher am Spital der Barmherzi-

gen Brüder in Agram, dem heutigen Zagreb, den Zusammenhang zwischen Säuresekretion und der Entstehung von Geschwüren im Magen, im Dünndarm und an der Speiseröhre. Seine berühmte Feststellung lautete: „Ohne sauren Magensaft kein peptisches Geschwür (Ulkus)." Die Sekretion von Magensäure konnte man damals dadurch verringern, dass man zum Beispiel Teile des oberen Magenbogens (Fundus) operativ entfernte, denn in dieser Region des Magens wird ein Großteil der Magensäure gebildet. Von dort regnet förmlich die ätzende Salzsäure (HCl) herunter. Bis zu zwei Liter sind es bei Erwachsenen pro Tag. Auch durch die teilweise Abtrennung des Vagusnervs (Vagotomie), der die Sinneseindrücke vom Gehirn zum Magen weiterleitet und für eine Anregung der Magensäuresekretion sorgt, konnte man für weniger Magensäure sorgen.

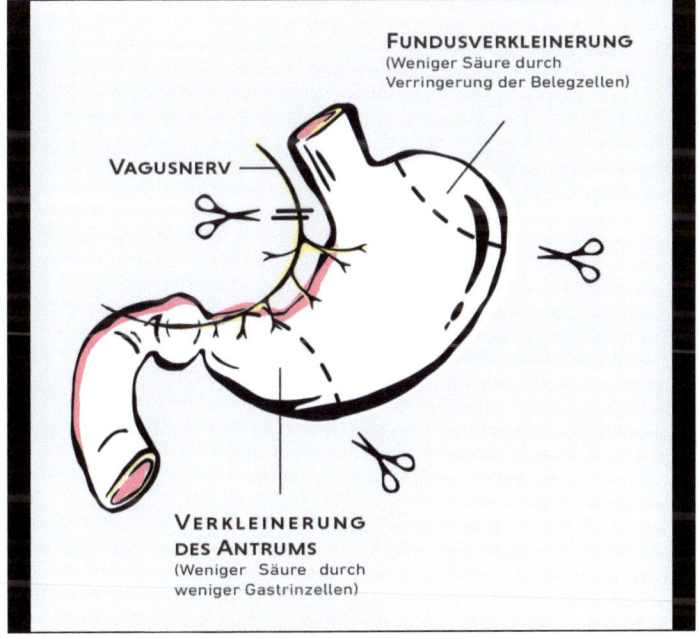

Abb. 4: Magenoperationen.

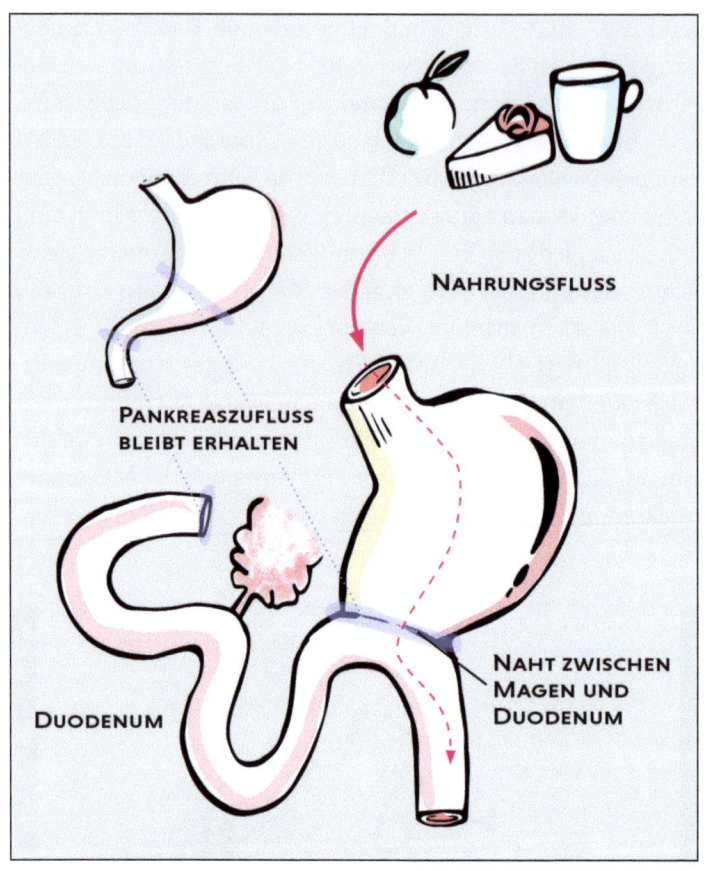

Abb. 5: Magenoperation nach Billroth II.
Durch die Beibehaltung des Duodenums wird eine besse-
re Verträglichkeit bei der Magenverkleinerung erreicht.

Praktisch kein Teil des Magens und des Dünndarms wurde in jenen Tagen ausgelassen, um der Geschwüre operativ Herr zu werden. Probleme machten die Sepsis (Blutvergiftung) und das Fehlen geeigneter Anästhesie bei Operationen mit geöffneter Bauchdecke. Die Patienten mussten unsägliche Schmerzen erleiden. Ein hoher Prozentsatz von ihnen starb noch während der Operation. Diejenigen, die überlebten, hatten mit den Auswirkungen der Eingriffe zu kämpfen, so zum Beispiel mit chronischer Verstopfung nach Durchtrennung des Vagusnervs.

Karl Schwarz resümierte damals resigniert über Magenoperationen: „Den Bösen sind wir los, die Bösen sind geblieben" und meinte damit ein entferntes Geschwür, dem später oft wieder ein neues folgte. Das Wiederauftauchen (Rezidiv) von Geschwüren, einsetzende neuerliche Blutungen, blutiges Erbrechen und Magendurchbrüche blieben nicht aus. Nur in den seltensten Fällen trat die ersehnte dauerhafte Heilung ein. In vielen Fällen waren erneute Operationen notwendig, mit der Folge, dass der Magen kleiner und kleiner und die Nahrungszufuhr für die Patienten immer problematischer wurde. Trotz deutlicher Verbesserungen und dem steigenden Wissen über die Auswirkungen der Eingriffe waren Operationen bis weit in die 1970er Jahre die einzigen Behandlungsmethoden für die schweren Fälle der Magen-Darm-Krankheiten. Erst mit den dann verfügbaren Medikamenten, die die Sekretion der Magensäure hemmen konnten, wurden Magenoperationen praktisch überflüssig.

Balance im Magen: Protektion gegen Aggression

Karl Schwarz verdanken wir noch eine weitere Erkenntnis, die den Grundstein für die Entwicklung von ganz neuen Behandlungsmethoden für Magen-Darm-Krankheiten legte. Er hatte beobachtet, dass es Patienten gab, die nur sehr wenig Magensäure und trotzdem Geschwüre hatten. Es gab aber auch Menschen, die trotz großer Mengen an Magensäure ohne Probleme leben konnten. Es musste also neben der Säure noch ein anderer Einfluss entscheidend sein. Er folgerte aus den Beobachtungen das neue Prinzip der Balance der schützenden (protektiven) Faktoren und der aggressiven Faktoren. Er formulierte diesen Sachverhalt so: „Das Magengeschwür ist nur ein Folgezustand des Missverhältnisses zwischen der selbstverdauenden Kraft des Magensafts und den dagegen wirksamen Schutzkräften der Magenschleimhaut."

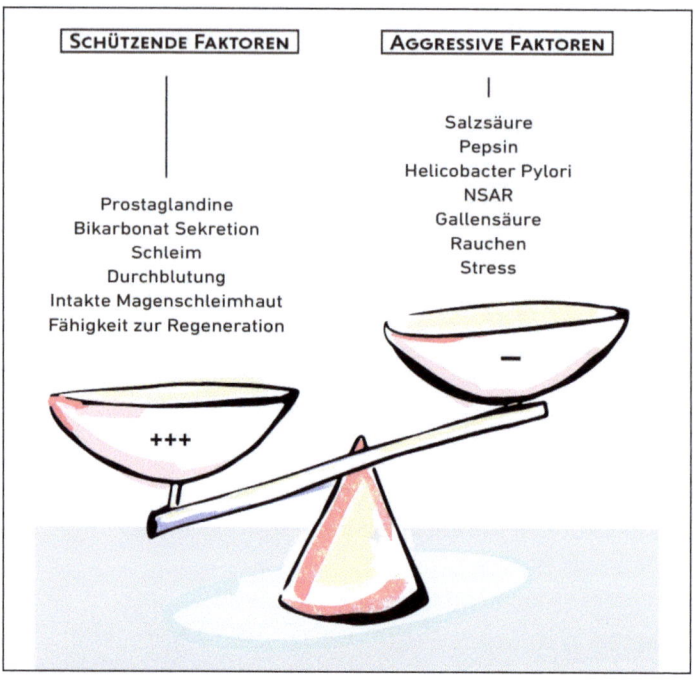

Abb. 6: Balance der aggressiven und schützenden (protektiven) Faktoren.
Sie ist entscheidend für den Gesundheitszustand des Magens.

Dem Magenschleim wies er eine entscheidende Rolle als schützender Faktor zu. Erst wenn zu wenig von ihm zur Verfügung stand, die Balance also in Richtung der aggressiven Faktoren verschoben war, entstanden Magen- und Zwölffingerdarmgeschwüre. Mit diesen eher theoretischen Erkenntnissen wandte er sich, wie auch seine Zeitgenossen, der Neutralisation der Magensäure zu, um den schützenden Faktoren die Oberhand zu gewähren. Ein wahrer Run auf die Erforschung von **Antazida** setzte ein, der bis in die 1950er Jahre anhielt und zu zahlreichen neuen Medikamenten, wie zum Beispiel von Magaldrat (Riopan, Byk Gulden, Konstanz), führte.

Antazida
sind Stoffe, die vorhandene Magensäure neutralisieren können. Sie entfalten ihre Wirkung sofort. In der Antike wurde dazu Kalk verwendet. Moderne Antazida bestehen aus Kalzium- und Magnesiumcarbonat oder Aluminiumoxid.

Durch Neutralisation der Magensäure mit Kalzium- oder Magnesiumcarbonat oder Aluminiumoxid sollten die schützenden Eigenschaften gestärkt werden. Antazida wirken schnell, sind aber für längere Behandlungen ungeeignet, denn sie müssen hoch und häufig dosiert werden. Auch Antazida, die zusätzlich zu ihrer neutralisierenden Wirkung einen schützenden Film auf der Magenschleimhaut bilden können, wurden entwickelt. Dadurch können aggressive Bestandteile des Magensafts wie Pepsin und Gallensäure in ihrer schädlichen Wirkung herabgesetzt oder neutralisiert werden.

Die Natur kann es: Säure hemmen und gleichzeitig die Schutzfaktoren stärken. Die Rolle der Prostaglandine

Die Erkenntnisse von Karl Schwarz lieferten der Wissenschaft eine neue Basis für ihre Forschungen. Aber auch die Natur bietet Erstaunliches: Ein Beispiel ist die eigenartige Entstehung des Nachwuchses des Magenbrüterfrosches mit dem Namen Rheobatrachus silus, der inzwischen allerdings ausgestorben ist.

Abb. 7: Der Magenbrüter Rheobatrachus Silus.

Anfang der 1980er Jahre machten Wissenschaftler der Universität in Adelaide, Australien, eine sensationelle Entdeckung, die in der Fachwelt, insbesondere bei Forschern, die sich mit Magen-Darm-Krankheiten beim Menschen befassten, hohe Beachtung fand. Sie entdeckten, dass die Weibchen des Rheobatrachus silus ihre Nachkommen im Magen ausbrüten. Ausgerechnet im Magen, der auch bei Fröschen für die normale Nahrungsaufnahme und für die Verdauung eingesetzt wird. Wie kann das tödliche Säurebad ausgeschaltet werden? Welcher Mechanismus steckt dahinter? Kann man ihn vielleicht für den Menschen nutzbringend kopieren und für die Ulkus-Behandlung einsetzen? Das waren brennend heiße Fragen, von deren Beantwortung man sich Anwendungen für den Menschen versprach.

Die Forscher fanden Folgendes heraus: Zunächst werden die Eier des Weibchens vom männlichen Frosch befruchtet, dann werden sie vom Weibchen verschluckt und in ihrem Magen ausgebrütet. Während dieser Brutzeit, im Schnitt sechs bis acht Wochen, nimmt die werdende Mutter keine Nahrung und keine Flüssigkeit mehr auf. Auch die üblichen Magenbewegungen (Peristaltik) werden eingestellt. Die sich heranbildenden Jungtiere ernähren sich von reichlich vorhandenem Protein in den Eiern, die deshalb bei dieser Froschart erheblich größer sind als bei verwandten Froscharten. Wenn die Zeit des Brütens vorüber ist, spuckt die Mutter ihre etwa 25 Jungtiere aus. Die spannende Frage, auf die eine Antwort zu finden war, lautete: Warum wird der Nachwuchs nicht verdaut und was geschieht mit der üblichen Magensäureproduktion des Weibchens in dieser Zeit? Wird sie abgeschaltet, und wenn ja, wie?

Erstaunliches kam bei der Aufklärung heraus: Schon die Eier enthalten ein Hormon, das die Entstehung von Magensäure vollständig verhindert. Später produzieren die Kaulquappen im Magen dieses Hormon weiter. Es handelt sich um das wichtige Hormon **Prostaglandin E2,** das beim Menschen die Schleimbildung fördert und zugleich Bikarbonat für den Magenschutz liefert. Gleichzeitig kann es die Produktion von Magensäure hemmen. Eine äußerst interessante Wirkkombination im Sinne der Schwarz'schen Balance-Hypothese. Prostaglandine für den Magenschutz war deshalb ein angestrebtes Forschungsziel in den 1980er Jahren.

Prostaglandin E2 (PGE$_2$)
ist ein natürliches Hormon mit vielfältigen Wirkungen. Es ist z. B. bei Rheuma an Entzündungen und Schmerz beteiligt. Im Magen führt es zu vermehrtem Magenschutz durch Steigerung der Magendurchblutung sowie der Schleimbildung und der Bikarbonat-Sekretion. Außerdem wird die Sekretion von Magensäure gehemmt. Antirheumatika wie Acetylsalicylsäure (Aspirin), Ibuprofen und Diclofenac (Voltaren) hemmen die Bildung von Prostaglandin E2 und können damit die Magenwand schädigen.

Aber wenn da nur nicht die vielen ungewollten Wirkungen dieses körpereigenen Hormons wären! Denn im menschlichen Körper löst Prostaglandin E2 eine ganze Reihe von Effekten aus, darunter Entzündungen, Schmerzreaktionen und Übelkeit und ist zum Beispiel bei rheumatischen Erkrankungen direkt für die Entstehung der Schmerzen verantwortlich. Würde man Prostaglandin E2 oder Abkömmlinge davon (Derivate) in Form einer Tablette einnehmen, käme es zu starken Nebenwirkungen, denn auf dem Weg zur Blutseite des Magens würden auch andere Stellen in der Blutbahn erreicht werden, mit der Folge, dass dort ungewollte Wirkungen ausgelöst werden könnten.

Anders ist dies in der Natur. Sie bedient sich eines Tricks: Prostaglandin E2 wird lokal vor Ort, zum Beispiel in der Magenwand, gebildet und schnell abgebaut. So wirkt es nur lokal. Andere Wirkorte werden dabei im Normalfall nicht erreicht. Beim Rheobatrachus-silus-Weibchen wird der übliche schnelle Abbau des Prostaglandins jedoch verlangsamt, d. h., es werden lokal im Magen hohe Konzentrationen des Hormons erreicht, was zur vollständigen Hemmung der Magensäuresekretion führt. Wie sich das Weibchen dabei fühlt, ist unbekannt. Möglicherweise waren die üblichen Nebenwirkungen von Prostaglandin E2, heftige Magenkrämpfe und Erweiterung der Speiseröhre, beim Ausspucken des Nachwuchses sehr hilfreich, was in dieser Situation sehr praktisch ist! Warum Rheobatrachus silus inzwischen ausgestorben ist, hat vielleicht auch mit dieser sehr speziellen Nachwuchsproduktion zu tun. Es musste ja alles stimmen, damit die Fortpflanzung funktionierte, vor allen Dingen die Abfolge der Ereignisse.

Es Rheobatrachus silus gleichzutun, also die aggressiven Faktoren zu hemmen und gleichzeitig die protektiven zu stärken, ganz im Sinne von Schwarz' Hypothese, gelang trotz aller Bemühungen bisher nicht. Es gab weltweit eine ganze Reihe von bedeutenden Pharmafirmen, die sich darin versuchten, verträgliche künstliche Prostaglandine zu entwickeln. Sie verbrannten dabei Milliardenbeträge an Forschungsgeldern, was in einigen Fällen zum Ruin der Firma führte.

Und nun ist es endlich so weit: Pantoprazol bekommt ab hier für einige Kapitel das Wort!

Hallo, hier bin ich, Pantoprazol

Was ich alles kann - ein Überblick

Hallo, ich bin ein kleines erfolgreiches Molekül, das sich in diesem Moment im Blut und im Magen von Millionen von Menschen befindet, genauer in der Magenwand. Von dort übe ich meine Wirkung auf die Magensäure aus. Allein in Deutschland nehmen mich 8 Millionen Menschen täglich ein. Eine ungeheure Anzahl! Deshalb war ich 2017 das am zweithäufigsten verschriebene Medikament bei der Barmer Krankenkasse, dicht hinter Ibuprofen, dem beliebten Schmerzstiller. Weltweit sollen mich schon mehr als 1,8 Milliarden Menschen kennengelernt haben. Sie lieben mich, nicht nur, weil Liebe bekanntlich „durch den Magen geht", sondern weil ich für sie Gutes tue. Viele Menschen nehmen Pantoprazol rein präventiv ein, damit es ihnen bei und nach dem Essen und besonders beim Genuss von Alkohol gut geht.

Jene Menschen, die mich aber wirklich brauchen, sind diejenigen Patienten, die schmerzhafte Geschwüre im Magen, Darm oder eine Entzündung in der Speiseröhre haben. Ich kann sie von üblen Schmerzen befreien; Schmerzen, die so stark sein können, dass kein normales Leben mehr möglich ist. Und viele Menschen, es sind vor allem ältere, bewahre ich davor, diese Schmerzen zu bekommen. Bei diesen Menschen muss der Magen dauernd geschützt werden, wenn sie zum Beispiel zur Herzinfarkt-Prophylaxe Aspirin einnehmen müssen. Aspirin ist ein wahrer Magenfeind! Was sonst noch den Magen schädigt und wo Schadstellen, zum Beispiel Geschwüre, vorliegen können, diskutiere ich später ausführlich. Und ich beschreibe natürlich noch weitere Feinde des Magens und die Probleme, die in den mit ihm unmittelbar zusammenhängenden Organen wie Darm und Speiseröhre auftreten können, wenn im Magen Unordnung herrscht.

Ganz besonders glücklich bin ich, dass ich manchen Menschen sogar das Leben retten kann. Das trifft bei denjenigen Patienten zu, die früher unter Öffnung der Bauchwand operiert werden mussten, wie beim Vater der oben erwähnten Apothekerin. Diese Patienten werden heute ganz anders und dazu erfolgreich behandelt. Bei gefährlichem Magenbluten wird über ein Gastroskop erste Hilfe geleistet und danach werde ich für einige Tage hochdosiert zur kompletten Trockenlegung des Magens eingesetzt. So wird die Selbstverdauung des Magens verhindert.

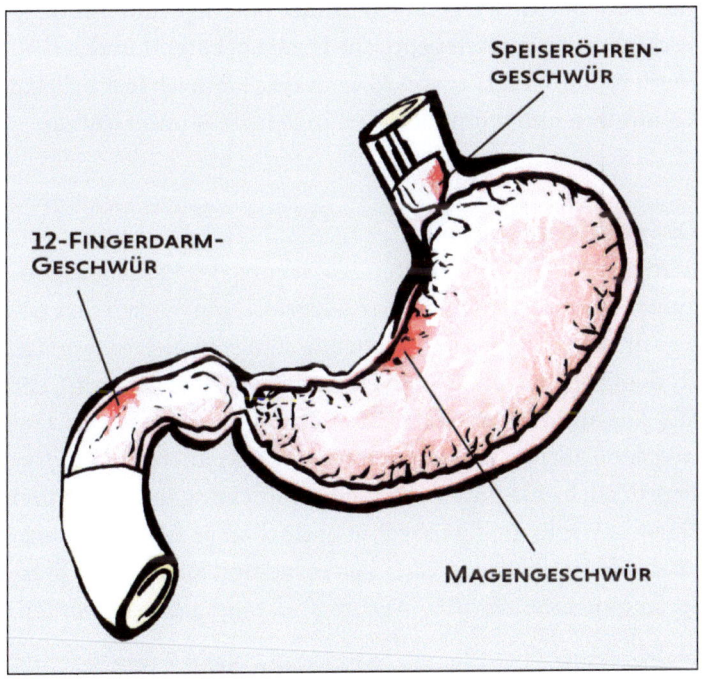

Abb. 8: Lokalisation der Geschwüre im Magen, im Zwölffingerdarm und in der Speiseröhre.

Die Geschwüre entstehen durch das Zusammenwirken verschiedener aggressiver Faktoren. Meist ist aggressive Magensäure maßgeblich beteiligt.

Überhaupt, diese ungewollte Selbstverdauung ist das Problem schlechthin. Bei der normalen Verdauung von Speisen werden Proteine und Peptide aus der aufgenommenen Nahrung teilweise zerlegt und für die Weitergabe an den Darm vorbereitet.

So auch, wenn die Magenwand, die Darmwand und die an den Magen anschließende Region der Speiseröhre fälschlicherweise angegriffen werden. Die Fachleute bezeichnen diese Art von Krankheit deshalb als **peptisches Ulkus**. Getreu dem Diktum von Schwarz „Keine Säure, kein Ulkus" ist Magensäure bei diesen Schäden immer beteiligt und mit ihrer Verhinderung können peptische Ulzera bekämpft und geheilt werden. Die Sekretion von Magensäure kann ich fast beliebig verhindern und damit den Heilungsprozess unterstützen.

Das **peptische Ulkus**
wird durch die eiweißspaltende Wirkung des Verdauungsenzyms Pepsin und Magensäure ausgelöst. Magensäure ist nötig für die Bildung von Pepsin aus seiner inaktiven Vorstufe, dem Pepsinogen. Pepsin ist ein Eiweißstoff (Protein), der aus 326 Aminosäuren besteht und für eine teilweise Verdauung der Nahrung im Magen sorgt. Im Krankheitsfall bewirkt Pepsin auch eine ungewollte Selbstverdauung im Magen und Darm sowie in der Speiseröhre und schädigt sie. Die Eiweißspaltung ist abhängig vom Säuregrad und kann durch starke Säurehemmung (pH > 4) zum Stillstand gebracht werden.

Aber nicht nur in den erwähnten Organen kann Magensäure zu Problemen führen. Sogar im Mund und an den Zähnen können Schäden auftreten, wenn sie durch heftiges Aufstoßen dorthin gelangt. Das kann sehr leicht nachts beim Liegen oder auch beim Bücken passieren.

Zum Schluss, bevor ich mich endlich vorstelle und mein Aussehen und meine Eigenschaften genauer beschreibe, will ich hier noch auf eine Anwendung von mir eingehen, die zu Zeiten meiner Entstehung überhaupt nicht absehbar war und sich als ein riesiger Fortschritt bei der Behandlung von Ulzera erweist. Karl Schwarz hätte nicht schlecht gestaunt, wenn er erfahren hätte, dass man eine Ulkus-Behandlung mit Antibiotika durchführen kann und dass sogar eine endgültige Heilung erreicht wird. Damit kann das früher übliche Wiederauftreten der Ulzera (Rezidive) verhindert werden. Ich rede von der Ausrottung des Magenkeims Helicobacter pylori. Sein Diktum wurde damit widerlegt – allerdings doch nicht ganz, denn für die erfolgreiche Wirkung der Antibiotika muss die Magensäure sehr stark gehemmt werden.

Nur Namen, aber wichtig!

Nach der kurzen Einführung über meine Wirkung kann ich mich endlich vorstellen und beschreiben, wer ich bin und wie ich aussehe.

Mein Name, Pantoprazol, ist ein sogenannter Freiname – im Englischen als INN bezeichnet. Er ist geschützt und darf nur für mich benutzt werden. Er darf nicht mit meinem Handelsnamen in Deutschland verwechselt werden. Ich heiße für immer Pantoprazol – heute oft nur kurz Panto genannt. Das ist eine bequeme Kurzform, die zudem noch recht unpräzise ist, denn das Wort „panto" kommt aus dem Griechischen und bedeutet in Wortzusammensetzungen „all(es), gesamt, jeder" und wird für alles Mögliche in der Umgangssprache benutzt. Mein Name „Pantoprazol" dagegen ist nur für mich, er ist geschützt und darf für kein anderes Produkt verwendet werden. Der Name wurde mir von der WHO (World Health Organisation in Genf) als sogenannter Freiname (INN) verliehen. INN steht für International Non-Proprietary Name, was bedeutet, dass der Name nur dem Molekül gehört. Der INN wird für Wirkstoffe statt des oft langen und sperrigen chemischen Namens benützt. Läuft der Patentschutz aus – bei Pantoprazol war das im Juni 2009 in Deutschland – können Generikafirmen den INN als ihren Handelsnamen benützen, an den sie zur Unterscheidung noch ihren Firmennamen anhängen.

Abb. 9: Schächtelchen mit Pantoprazol-Tabletten. Pantoprazol Tabletten unter dem Handelsnamen Pantoloc konnten nur für ein paar Tage verkauft werden.

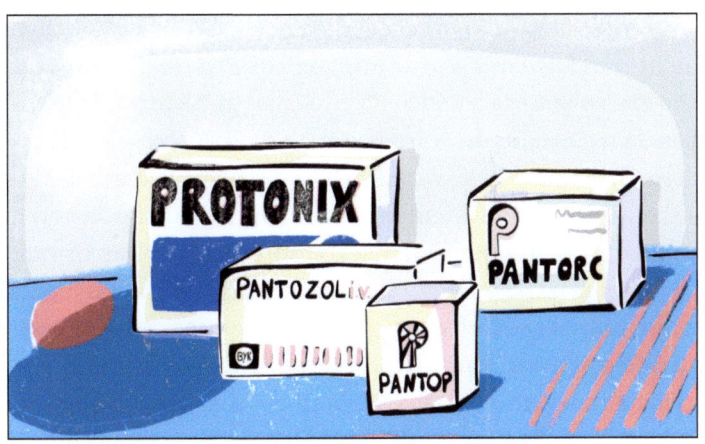

Abb. 10: Aus Pantoloc wird Pantozol als Handelsname in Deutschland. Weitere Handelsnamen für den weltweiten Vertrieb von Pantoprazol.

Mein Name endet mit „prazol". Dies ist eine Wortschöpfung für die Medikamente, die dem Wirkprinzip von Timoprazol folgen. Timoprazol war der erste Protonenpumpenhemmer. Er wurde von der schwedischen Firma Hässle entwickelt, aber er erreichte nie den Markt, da er sich als unverträglich bei Tieren erwies. Mit Timoprazol betrieb die Firma eine bewundernswerte Forschung, eine Pionierentwicklung, von der alle nachfolgenden Forschungsgruppen profitierten. Mehr als 45 Pharmafirmen wollten Timoprazol verbessern. Erst die dritte Projektsubstanz bei Hässle schaffte es zur Marktzulassung und Vermarktung (1989). Es war das Medikament mit dem Namen „Omeprazol", das zu einem riesigen Erfolg wurde, und sich zu einem neuen Standard in der Behandlung von peptischen Ulkus-Krankheiten entwickelte. Ob dieses „First in class"-Medikament auch den Titel „Best in class" halten konnte, wird sich zeigen. Da habe ich ein wenig mitzureden!

Nach diesen freundlichen Worten und Komplimenten für meine Vorgänger zurück zur harten Realität meiner ersten Ausbietung in Apotheken, die Ende 1994 erfolgte. Schon mein Handelsname wurde mir von Hässle streitig gemacht. Die ersten paar tausend Schächtelchen mit Pantoprazol für den deutschen Markt wurden unter dem eingetragenen Handelsnamen „Pantoloc" vertrieben und fanden großes Interesse bei Ärzten und Patienten. Aber nicht lange. Alle weiteren Schächtelchen mussten eingestampft werden! Der Grund: Die Firma Hässle strengte sofort nach meinem Markteintritt eine einstweilige Verfügung gegen die Nutzung meines neuen Handelsnamens „Pantoloc" an. Er sei ihrem in Deutschland geschützten Namen Gastroloc für ihr Omeprazol zu ähnlich. Byk Gulden, die Konstanzer Firma, die mich entwickelt hatte, musste über Nacht einen neuen Handelsnamen für mich kreieren, denn auf eine endgültige gerichtliche Entscheidung in der Hauptsache konnte und wollte man nicht warten. Die Ärzte und Patienten durfte man nicht enttäuschen. Und außerdem war bei allem auch viel Geld im Spiel. Pantoprazol wurde dann unter dem neuen Handelsnamen „Pantozol" vertrieben. Die Namensähnlichkeit führte in der Folge und bis heute oft zu Verwechslungen zwischen dem INN (Pantoprazol) und dem Handelsnamen (Pantozol). Der Handelsname ist heute in Deutschland praktisch verschwunden, denn die Generikafirmen können mich inzwischen unter dem INN mit Namenszusatz für den Hersteller vertreiben.

Byk Gulden siegte im nachfolgenden Hauptverfahren vor Gericht. Die nächsten Hässlichkeiten der Firma Hässle (nomen est omen?) gegen meine Verbreitung und meinen Erfolg folgten Schlag auf Schlag. Sie wollten mich dann sogar ganz verbieten lassen. Eine total schwierige und kritische Zeit für mich. Meine Existenz stand damals ernsthaft infrage.

Wie sehe ich aus?

Ich bin sehr klein und man kann mich selbst mit einem Elektronenmikroskop nicht direkt sehen, aber es gibt indirekte Methoden, mit denen man meine Größe messen kann. In der üblichen Darreichungsform, der 40-mg-Tablette, bin ich ziemlich genau 628 000 000 000 000 000 ($6,28 \times 10^{17}$) Mal enthalten. Das sind 628 Billiarden. Und eine entscheidende Schwäche besitze ich, die ich nicht verschweigen kann: Selbst in meiner festen Form, der Tablette, reagiere ich sehr empfindlich auf Spuren von Säure. Deshalb hat man von mir ein Natriumsalz hergestellt und mich zu einer Tablette verpresst. Ich bin in dieser Natriumsalz-Form, genauer ausgedrückt als **Pantoprazol-Natrium Sesquihydrat,** gut aufgehoben und kann lange gelagert werden. Und was für die Praxis sehr wichtig ist: Ich kann sehr schnell in einem Durchstechfläschchen aufgelöst und in einer Injektionsspritze aufgezogen werden. Das ist wichtig, wenn es schnell gehen muss.

Pantoprazol-Natrium Sesquihydrat
(von lat. sesqui = eineinhalb, d.h. eineinhalb Moleküle Wasser auf ein Molekül Pantoprazol-Natrium) hat sich als stabilste Lagerungsform von Pantoprazol erwiesen, was insbesondere für tropische Länder wichtig ist. Außerdem ist die Geschwindigkeit der Auflösung in physiologischer Kochsalzlösung oder in Wasser viel schneller als in der salzfreien Form.

Am besten erkennt man meine Form aus der chemischen Formel, wie sie die Chemiker benutzen. Dann kann man auch die Unterschiede zu meinen Verwandten erkennen. Wir alle – Omeprazol (Hässle, heute AstraZeneca), Lansoprazol (Takeda) und Rabeprazol (Eisai) – haben das gleiche Skelett, nämlich das von Timoprazol. Wir unterscheiden uns nur marginal durch verschiedene Atome und Atomgruppen (Substituenten), die am Skelett angebracht sind. Rein äußerlich ergeben sich dadurch nur geringe Unterschiede in der Form der Moleküle.

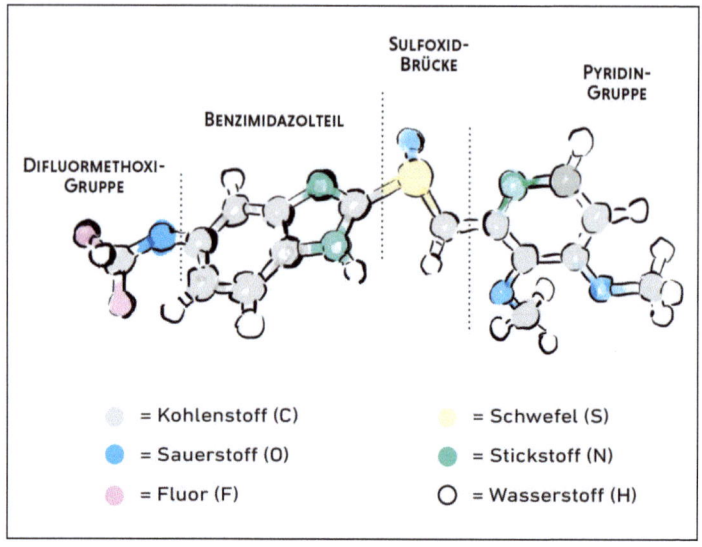

Abb. 11: Molekülstruktur von Pantoprazol.

Bei näherer Betrachtung erkennt man im linken Molekülteil eine Besonderheit, die für die Patienten äußerst wertvoll ist: Eine fluorhaltige Atomgruppe, genauer ein Difluormethoxi-Substituent, sorgt für mehr metabolische Stabilität im Körper von Patienten und vermindert Arzneimittelwechselwirkungen. Dieser besondere Substituent ist für mich von existenzieller Bedeutung, denn er war von den mehr als 40 Konkurrenzfirmen, die sich auf dem Forschungsgebiet tummelten, noch nicht vorbeschrieben und benutzt worden. Einer sogenannten Patentlücke verdanke ich meine Entwicklung! Alle anderen Teile von mir waren von ihnen bereits vorbeschrieben worden, das heißt, sie waren nicht mehr neu und damit aus Patentsicht wertlos. Dieser exotische Substituent wurde in den 1970er Jahren vom ukrainischen Chemiker Yurii Yagupolskii kreiert, als seine Arbeitsgruppe versuchte, Medikamente, die im damaligen Westen entwickelt wurden, mit Fluor zu versehen und diese zur Entwicklung anzubieten.

Für die Anwendungen von mir in den verschiedensten Indikationen ist das Zusammenspiel aller Substituenten in meinem Molekül entscheidend. Es war und ist also nicht die Patentlücke, sondern der Wert dieser Lücke für meinen anhaltenden Erfolg entscheidend. Darüber könnte ich noch lange berichten. Ich verweise lieber auf eine Literaturstelle, in der der lange Weg zu mir wissenschaftlich beschrieben ist:

Senn-Bilfinger J. G., Sturm E., The Development of a New Proton-Pump Inhibitor: The Case History of Pantoprazole.

In: Analogue-based Drug Discovery (Editor J. Fischer & C.R.Ganellin, 2006).

Meine Reise durch den Körper zum Wirkort: Die morgendliche Einnahme einer Tablette Pantoprazol

Möglichst schnell in die Blutbahn

Wie komme ich zu meinem Einsatzort, was werde ich erleben, und was mache ich dabei durch? Die Antworten auf diese Fragen sind sehr wichtig, denn ich muss durch viele verschiedene Regionen des menschlichen Körpers marschieren. Durch meine notorische Empfindlichkeit gegenüber Säure sind die Bedingungen des Umfelds maximal herausfordernd für mich. Die Pharmazeuten (Galeniker) haben mich deshalb in drei „Mäntelchen" verpackt. Wie ein Reisender, der durch mehrere Klimazonen reist, nutze auch ich einen „Zwiebelschalenlook", kurz Zwiebellook genannt, für die verschiedenen Umweltzonen. Außen habe ich eine dünne Lackschicht. Darunter ist ein Schutzmantel, der Säure aushält und vollkommen dicht bleibt. Er sorgt für meinen Säureschutz (enteric coating). Diesen Mantel vertrage ich nicht direkt auf mir. So wie ein Reisender unter dem dichten und warmen Schutzmantel angenehme Unterwäsche trägt, so brauche ich eine angenehme Schicht, in der ich mich richtig wohl fühle. Sie besteht aus Soda und garantiert mir ein langes Leben. Soda ist basisch, das Gegenteil von sauer. Im Innern der Tablette befinde ich mich in Form meines Natriumsalzes, genau genommen als Pantoprazol-Natrium Sesquihydrat.

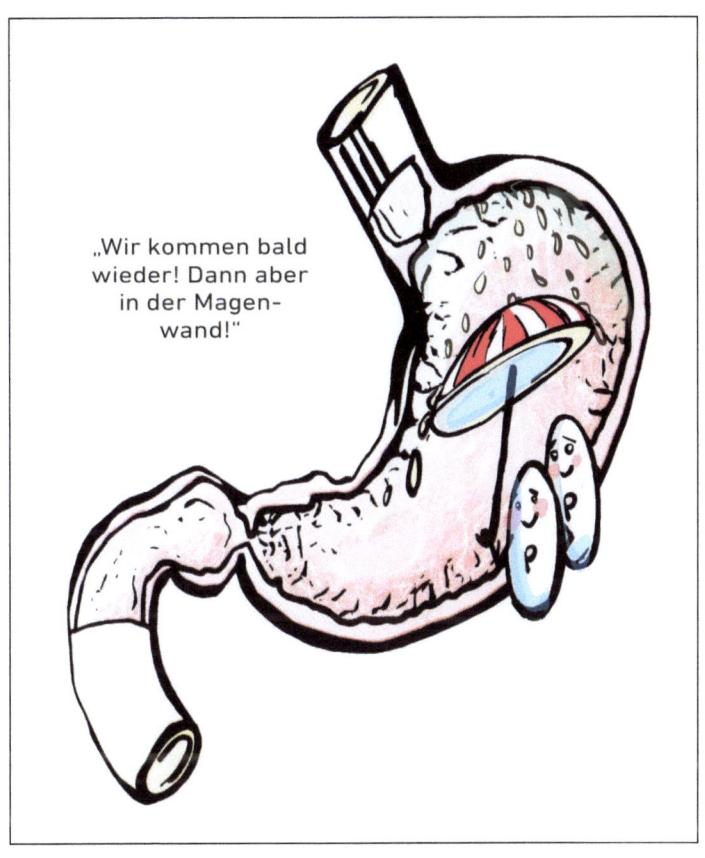

Abb. 12: Magensaftresistente Tabletten. Sie überstehen durch ihren kompletten Schutzmantel die saure Magenhöhle bestens. Sie dürfen nicht zerbrochen werden!

Am besten werde ich eine halbe bis eine Stunde vor dem Frühstück mit etwas Flüssigkeit eingenommen. Dann ist meine Wirkung am größten, wie viele klinische Studien gezeigt haben. Es sind auch andere Einnahmezeitpunkte möglich. Die Tablette darf dabei selbstverständlich nicht geteilt oder zerbissen werden. Dann wären meine Mäntelchen zerstört, und ich würde den Durchgang durch den Magen nicht überstehen.

Direkt nach dem Schlucken bin ich auch schon durch die Speiseröhre gerauscht und habe den Mageneingang vor mir. Der Schließmuskel (Ösophagussphinkter) öffnet sich reflexartig und lässt mich durch. Brrr., total saures Milieu hier in dieser Höhle. Das macht mir aber nichts, denn ich bin ja gut verpackt. Aus der Magenkuppel (Fundus gastricus) über mir und dem Magenkörper (Corpus gastricum) vor mir tropft im Moment nur ganz wenig Säure. Dorthin muss ich, denn die Säurepumpen befinden sich in dieser Region. Aber ein langer Weg liegt noch vor mir, bis ich sie über die Blutzirkulation erreiche.

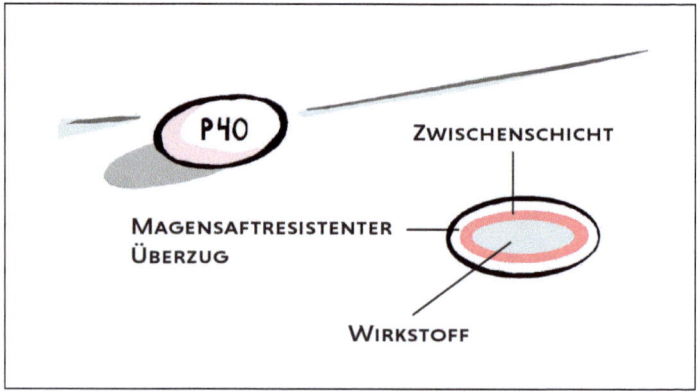

Abb. 13: Schematischer Aufbau einer Tablette. Tablettenkern und magensaftresistenter Überzug müssen durch eine basische Zwischenschicht getrennt sein, da der Wirkstoff bei langer Lagerung der Tabletten von den Säureionen des magensaftresistenten Überzugs angegriffen wird.

Jetzt herrscht noch nächtliche Schläfrigkeit bei den Säurepumpen. Nur ganz wenige von ihnen, die Frühschicht sozusagen, sind bereits aktiv. Das wird sich mit dem Frühstück aber drastisch ändern, denn dann kommt es mit der Aufnahme von Nahrung zu einer **Gastrinausschüttung**, die die Säureproduktion heftig anschiebt. Sehr sinnvoll, denn die Verdauung braucht Säure. Ich werde dann rechtzeitig bei ihnen sein und sie bei ihrer Arbeit stören. Ja, mehr als nur stören, denn ich werde sie für immer ausschalten! Ich muss jetzt schnell in die Blutbahn kommen, dann erreiche ich die Pumpen sehr schnell, die Magenwand ist ja sehr gut durchblutet.

Eine Gastrinausschüttung
wird mit dem Anstieg des Magen-pH-Werts durch Pufferung der Magensäure mit der eingenommenen Nahrung bewirkt (s. a. Abb. 3). Gastrin führt zu einer Steigerung der Magensäuresekretion. Eine sehr sinnvolle Regelung, denn Magensäure ist für die Verdauung förderlich und sorgt für die Abtötung von Bakterien, die mit dem Essen aufgenommen werden können. Es ist ein natürliches Hormon aus den G-Zellen der Magenwand.

Ich rutsche die kleine Magenkrümmung (Curvatura minor) hinunter Richtung Magenausgang (Magenpförtner, Pylorus). Zuvor geht es noch durch ein winziges Säurebad im unteren Teil des Magens (Antrum), das ich unbeschadet überstehe. Und dann geht es flink aus dieser sauren Umgebung heraus, denn die 40-mg-Tablette ist klein genug für den Magenpförtner, um mich mühelos hindurchzulassen. Es sind nur ein paar Minuten vergangen, seit ich eingenommen wurde. Im leeren Magen behindert kein angedauter Magenbrei meine Reise.

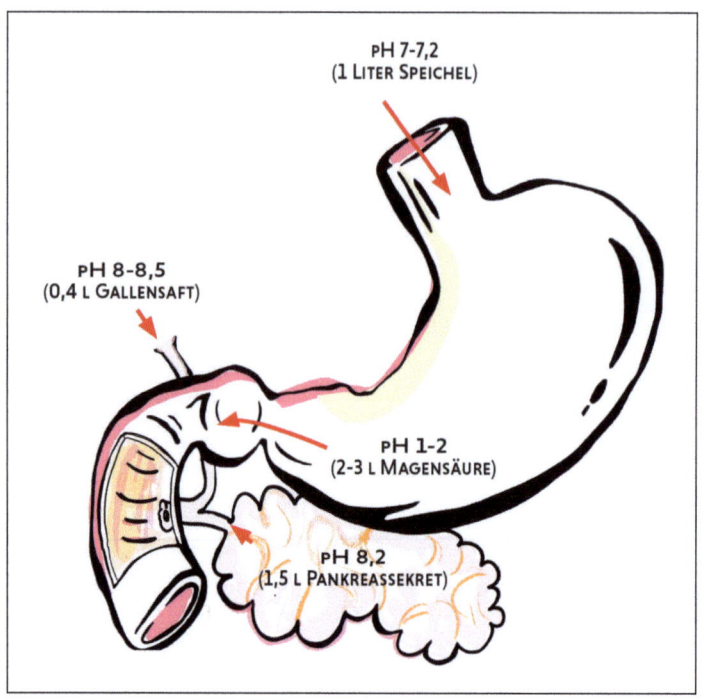

pH 7-7,2
(1 Liter Speichel)

pH 8-8,5
(0,4 L Gallensaft)

pH 1-2
(2-3 L Magensäure)

pH 8,2
(1,5 L Pankreassekret)

*Abb. 14: Die intestinalen pH-Werte („Klimazonen")
werden durch die Zuflüsse bestimmt. Erst im basischen
Dünndarm zerfällt die magensaftresistente Tablette
und Pantoprazol und kann ab hier in den Blutkreislauf
aufgenommen werden (Resorption).*

Der Zwölffingerdarm ist für mich der Ort, an dem ich aus
der engen Tablette befreit werde, denn der pH-Wert steigt
rapide an, je weiter ich vom Magen wegkomme. Ein Schwall
alkalischer Säfte, Gallensaft und Pankreassekret (pH 8,2),
durch jede Menge Bikarbonat angereichert, mündet in den
Zwölffingerdarm, wodurch der pH-Wert im Innern von an-
fangs 1 bis 2 (direkt hinter dem Pförtner) schnell auf pH 6,6
und dann noch weiter unten, bis auf pH 7,5 ansteigt. Jetzt
gibt es kein Halten mehr für meine Schutzmäntel: Sie werden programmgemäß ausgezogen. Sie sind nicht mehr nötig.

Der pH-Anstieg kann bei Patienten mit Zwölffingerdarm-Geschwüren verzögert sein, wenn zu viel Säure aus dem Magen angeliefert wird. So können schmerzhafte Geschwüre entstehen, denn im Darm ist Säure sehr unerwünscht. Doch auch eine Verschiebung nach weiter unten ist für mich kein Problem. Ich werde dann einfach später freigesetzt. Für die Aufnahme (Resorption) im Dünndarm steht noch genügend Strecke und Fläche zur Verfügung. Unzählige Falten und Zotten warten darauf, mich in den Blutkreislauf aufzunehmen. Es sind mehr als 200 Quadratmeter Oberfläche für die Resorption vorhanden. Die Oberflächenzellen sind bestens durchblutet und alles sammelt sich in der sogenannten Portalvene, die direkt in die Leber einmündet. Erst danach geht es zum Herzen.

Die Funktion der Leber als rigorose „chemische Reinigung"

Hier erwartet mich nun meine erste Bewährungsprobe in der neuen Freiheit, denn die Leber könnte mich schon beim ersten Durchgang abweisen, mindestens teilweise. Eine der Hauptaufgaben der Leber ist es, fremde Stoffe, also auch Arzneimittel (Xenobiotika), zu erkennen und sie rigoros auszuschalten. Deshalb wird sie gerne als chemische Reinigung bezeichnet. Besonders solche Stoffe, die fettlöslich (lipophil) sind und dadurch leicht in andere Organe, wie z. B. in das Gehirn, eindringen können, geht die Leber kompromisslos an, indem den Fremdlingen wasserlösliche Gruppen angeheftet oder sie so zerhackt werden, dass sie wasserlöslich sind und dann über die Niere oder den Darm ausscheidbar werden. Ich komme, wie alle Protonenpumpenhemmer, zunächst fast ungeschoren durch die Leber hindurch. Aber nach zirka einer Stunde ist dann nur noch ungefähr die Hälfte meiner Dosis im Blut. Die andere Hälfte ist endgültig ausgeschieden und nicht mehr verfügbar. Das Zeitfenster für die Nutzung ist sehr klein. Das hat einige Konsequenzen für den optimalen Einnahmezeitpunkt und auf die Entfaltung meiner Wirkung. Auch die Frage, ob andere Medikamente, die zusätzlich parallel eingenommen werden (Begleitmedikation, Komedikation), durch mich beeinflusst werden, entscheidet sich in der Leber.

In der Blutbahn, der Hauptverkehrsachse im Körper, angekommen

Ich bin herzlich willkommen in der Blutbahn, der Hauptverkehrsachse im Körper, denn ich fühle mich darin besonders wohl. Das Wohlfühlklima wird durch die basische Eigenschaft von Blut (pH 7,2 bis 7,4) bereitet und ist geradezu ideal für meine Stabilität. Ebenso wirkt meine komplette Bindung an das Albumin des Bluts stabilisierend auf mich. Von der Leber bin ich über die Portalvene direkt im Herzen angelangt und kann nun alle Zellen im Körper schnell erreichen. Schon nach einer halben Stunde habe ich meine maximale Konzentration im Blut erreicht (c_{max} = 0,5 h) und könnte nun die Säurepumpen wirkungsvoll attackieren. Aber wie komme ich an sie ran? Das ist zunächst ganz einfach für mich, denn die Belegzellen, die die Säurepumpen enthalten, befinden sich hauptsächlich in der Magenwand der oberen Hälfte des Magens, der Magenkuppel und des oberen Magenkörpers (Fundus und Korpus). Beide Regionen werden bestens mit Blut versorgt. Von dort „regnet" es jetzt schon förmlich Magensäure herab, denn die Säureproduktionsrate ist von 0,01 Liter pro Stunde vor dem Frühstück auf das Hundertfache angestiegen. **In den Drüsenschläuchen** herrscht emsige Aktivität, nicht nur in den Belegzellen mit den Säurepumpen, sondern auch in den benachbarten Hauptzellen und Nebenzellen. Mich

interessieren nur die Belegzellen mit der überschüssigen
Säureproduktion.

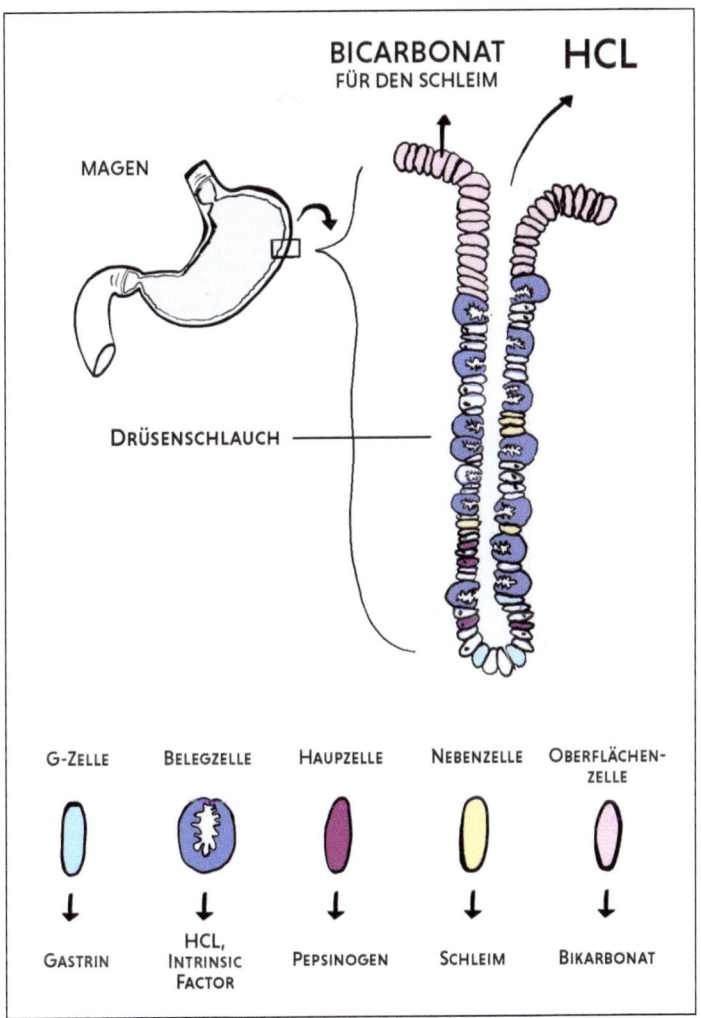

*Abb. 15: Drüsenschlauch in der Magenschleimhaut. Die
darin enthaltenen Zellen mit ihren Sekreten.*

In den **Drüsenschläuchen**
befinden sich die wichtigen Belegzellen, die für die Salzsäure-
produktion verantwortlich sind. Daneben liefern die sogenannten Hauptzellen Pepsinogen (eine Vorstufe des Verdauungsenzyms Pepsin) und schließlich entsteht in den Nebenzellen
Mucin, das den Hauptbestandteil des schützenden Magen-
schleims bildet. In den Belegzellen wird zusätzlich der sogenannte Intrinsische Faktor gebildet. Dieses zuckerhalti-
ge Protein (Glykoprotein) ist für die Aufnahme von Vitamin
B12 aus der Nahrung notwendig. Die räumliche Nähe und das
Zusammenspiel der Produktion der Sekrete mit ihren spezifischen Eigenschaften ist einzigartig und bildet die Grund-
lage für die Erhaltung eines gesunden Magens.

Ziel fast erreicht: Die letzten beiden Hürden müssen noch überwunden werden

Die gut mit Blut versorgte Belegzelle (Parietalzelle) ist eine
ganz besondere Zelle. Sie hat in ihrem Innern eine zusätzliche Trennwand (apikale Membran), die sie in zwei Komparti-
mente aufteilt. Das größere Kompartiment (Zytosol), das zur
Blutseite hin liegt, ist neutral (pH 7,2), während das kleinere
(Kanalikulus) extrem sauer ist (pH 0,8-1,0). Die Säure, die sich
hier ansammelt, wird via Drüsenschlauch in das Mageninnere weitergegeben und erscheint im Magenbogen (Fundus).
In der internen Trennwand der Belegzelle ist die einzigartige
Säurepumpe eingebettet. Dadurch entstehen zwei drastisch
unterschiedliche Umgebungen, die sie selber erzeugt. Eine
derartige Situation mit einem einzigartig niedrigen pH-Wert
findet sich nirgendwo im menschlichen Körper. Das ist extrem wichtig für meine erfolgreiche Anwendung!
    Zurück zu meiner Reise zum Wirkort, dem ich nun ganz
nahe bin. Die äußere Membran (basolaterale Membran) von
der Blutseite her zu überwinden, stellt kein Problem dar. Die

pH-Werte auf beiden Seiten sind praktisch gleich. Drinnen sehe ich bereits die nun auf vollen Touren arbeitenden Säurepumpen vor mir, kann ihnen aber noch nichts anhaben. Und das ist gut so.

Es gibt viel darüber zu sagen, wem ich im Zellinneren des neutralen Teils der Belegzelle begegnen kann. Ich beschränke mich auf das Enzym Carboanhydrase, das letztendlich die Säureionen (Protonen) für die Magensäure liefert. Es kann Kohlendioxid, ähnlich wie in einer Sprudelflasche, hydratisieren, d. h. Wasser an CO_2 anlagern, wobei **Säureionen,** ähnlich wie im Sprudel, frei werden. Diese Säureionen schnappt sich die Säurepumpe, transportiert sie auf die andere Seite der Trennwand und schafft so die erwähnte Azidität in diesem Teil der Belegzelle. Letztendlich kommt die Säure aus dem Kohlendioxid der Atmungskette!

Jetzt muss ich noch die zweite Membran überwinden, um meinen Job machen zu können. Diese ist besonders dicht. Mir hilft meine basische Moleküleigenschaft: Ich werde förmlich in das saure Kompartiment hineingezogen und bekomme ein Proton aufgepfropft. Es kommt zu meiner Anreicherung im sauren Kompartiment. Aber ich komme auch nicht mehr in das neutrale Kompartiment zurück. Gefangen wie in einer Mausefalle! Das hat mit meiner vollständigen Verwandlung zu tun, die die starke Säure bei mir bewirkt. Danach bin ich nicht mehr das harmlose und verträgliche kleine Molekül, das auf seiner Reise alle anderen Moleküle in Ruhe lässt. Ab jetzt und nur hier bin ich aktiviert und sehr aggressiv. Ich bin jetzt ganz in der Nähe der Säurepumpen, meinem Ziel (Target), aktiviert worden. Targeting nennen die Fachleute diese Fähigkeit: Wirkung ausschließlich am richtigen Ort. Das ist die Basis für den Erfolg aller Prazol-Medikamente.

Ziel erreicht: Wie ich die Säurepumpen mit ihrer eigenen Säure zum „Selbstmord" zwinge

Magensäure gibt es zu Beginn und während des Frühstücks genügend. Sie wird sinnvollerweise schon beim Anblick von Essen stimuliert. Ferner gibt es in der Magenwand Rezeptoren, die auf Dehnungen durch Essen den Säurepumpen signalisieren, Säure zu liefern. Wie unterscheidet sich die nicht stimulierte Belegzelle von der stimulierten? Aus meiner molekularen Sichtweise passiert Enormes; das muss es ja auch, denn die Menge neuer Säure ist beträchtlich! Waren vor der Stimulation die meisten Säurepumpen in Lipidkügelchen (sogenannten Vesikeln) im neutralen Kompartiment der Belegzelle verpackt und dadurch zur Untätigkeit gezwungen, haben sie sich durch die Stimulation aus diesem trägen Zustand befreit, sich in die Trennwand (apikale Membran) eingelagert und spontan angefangen, Säure vom neutralen Kompartiment in das saure Kompartiment zu pumpen. Ungefähr 30 % der Pumpen verweigern sich jedoch der Verlagerung und lümmeln einfach noch untätig weiter.

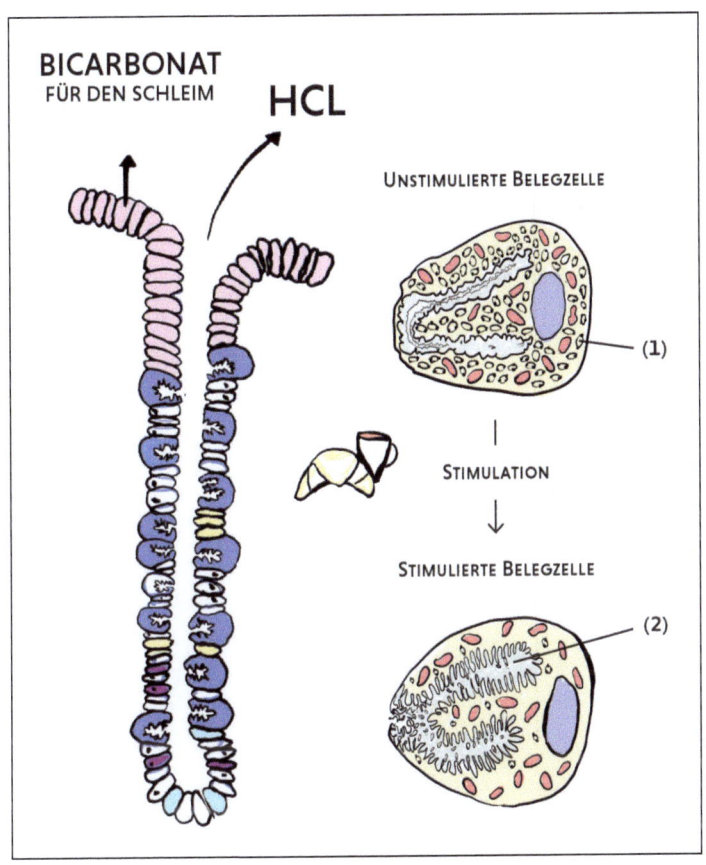

BICARBONAT
FÜR DEN SCHLEIM

HCL

UNSTIMULIERTE BELEGZELLE

(1)

STIMULATION

STIMULIERTE BELEGZELLE

(2)

Abb. 16: Ereignisse bei der Stimulation einer Belegzelle.
Bei der Stimulation einer ruhenden Belegzelle werden
unzählige Tubulovesikel (1, Fettbläschen), die ruhende
Pumpen enthalten, in den intrazellulären Säurekanal
(2) integriert. Dort beginnen sie Säureionen in den Ka-
nal zu transportieren (pumpen). Pantoprazol wird erst
in diesem sauren Kanal (pH 0,8) durch die frisch bereit-
gestellte Säure aktiviert und kann so die eingelagerten
Pumpen umgehend und selektiv hemmen.

Diese Spätschicht wird erst im Laufe des Tages nach und nach
aktiv. Sie sorgt dafür, dass notwendige Säure immer neu in
den Magen kommt. Ich kann nichts dagegen tun, denn durch

meine sehr kurze Anwesenheit (1–2 Stunden) bin ich schon längst verschwunden, wenn diese Spätschicht sich bequemt, die Pumparbeit zu beginnen. Das ist im Normalfall gut so, denn Säure muss ja sein. Schon eine kleine Menge genügt, um Bakterien abzutöten. Diejenigen Säurepumpen, die ich außer Betrieb gesetzt habe, sind allerdings für Tage außer Betrieb und erholen sich praktisch nicht mehr.

Abb. 17: Verhinderung von bis zu drei Liter Magensäure. In einer Pantoprazol-Tablette (40 mg) ist die „Software" für die Verhinderung von bis zu drei Liter Magensäure gespeichert.

Was hat Pantoprazol mit Knoblauch gemeinsam?

Ein kleiner Ausflug in die vielfältige Chemie des Schwefels

Was haben Knoblauch und Pantoprazol chemisch gemeinsam? Auf den ersten Blick rein gar nichts. Betrachtet man aber das Alliin, den natürlichen Inhaltsstoff von Knoblauch, das bis zu einem Prozent in ihm enthalten ist, durch die Brille der Chemiker, so erkennt man, dass beide Moleküle eine sogenannte Sulfoxid-Gruppierung (R-SO-R) enthalten. Weitaus größere Ähnlichkeiten erkennt man, wenn man die Aktivierung beider Moleküle in Betracht zieht.

Die Aktivierung von Alliin geschieht beim Anschneiden oder Zerdrücken des frischen Knoblauchs. Das dabei freigesetzte Enzym Alliinase aktiviert Alliin. Es kommt zur Bildung einer instabilen und hochreaktiven Sulfensäure (R-SOH). Diese ist so instabil, dass sie anschließend zu einem vielfältigen Cocktail von Schwefelverbindungen zerfällt, mit dem Wirkstoff Allicin als Hauptbestandteil. Diesem Cocktail werden die guten Wirkungen von Knoblauch auf Blut, Herz und Gefäße sowie seine Wirkung gegen den oxidativen Stress (Sauerstoff-Radikalfänger) zugesprochen. Bei manchen Menschen verursacht der Substanzcocktail jedoch heftige Unverträglichkeiten.

Pantoprazol wird durch Säure aktiviert und bildet dabei ebenso eine reaktive und sehr instabile Sulfensäure, die sich aber etwas stabilisieren kann und dabei eine zyklische Form bildet (zyklisches Sulfenamid). Auch aus dieser Form werden freie Schwefelgruppen sofort chemisch angegriffen, denn Sulfenamide und Sulfensäuren sind wild auf das Schwefelatom von

Thiol-Gruppen (thiophil). Diese kommen in Proteinen, die die natürliche Aminosäure Cystein enthalten, vor. So auch in der Säurepumpe im Magen, die einige Cysteine enthält, die in das saure Kompartiment der Belegzellen hineinragen. Alles passt für die Blockade zusammen: Aktivierung durch Säure in der Nähe von Thiol-Gruppen der Säurepumpe.

Es darf in allen sehr schwach sauren Zellen außerhalb des Magens (z. B. in Lysosomen, pH 4,5-6) zu keiner Aktivierung kommen. Auch in dieser Hinsicht ist Pantoprazol allen anderen Prazolen überlegen, denn seine Aktivierung ist die langsamste in schwach saurer Umgebung, und damit ist Pantoprazol am selektivsten.

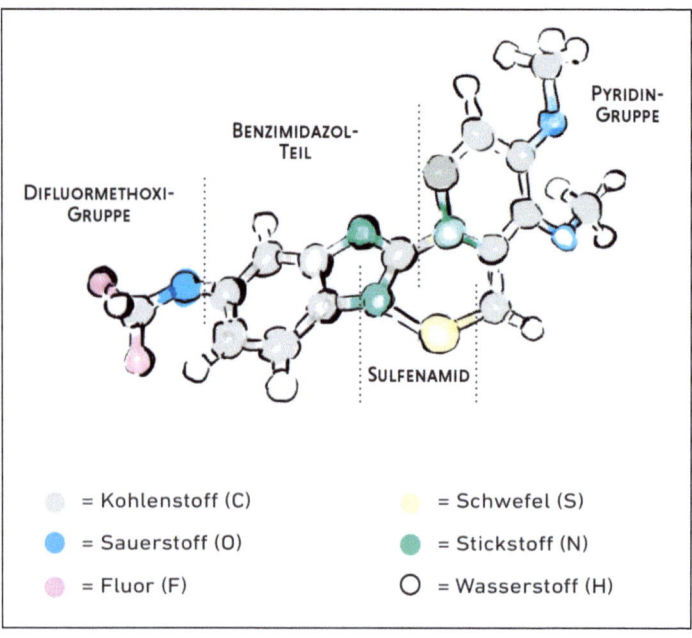

Abb. 18: Molekülstruktur von aktiviertem Pantoprazol (Sulfenamid).

Wie schafft es Pantoprazol, die Säurepumpe, und nur diese, für immer auszuschalten? Pantoprazol wird durch Säure aktiviert und sein molekulares Gerüst wird vollkommen und auf den ersten Blick überraschend umgebaut. Plötzlich hat es ein anderes Skelett und ist ein reaktives und aggressives Molekül, das sich mit allem in der Nähe anlegt (reagiert). Es ist seine Kampfform, die es zum Glück nur im sauren Kompartiment der Belegzelle und nicht an anderen Orten im Körper von Patienten annimmt. Besonders scharf ist Pantoprazol in dieser Kampfform auf Schwefelatome. Die Fachleute sagen, Pantoprazol sei in der aktivierten Form thiophil (schwefelliebend).

Die außergewöhnliche Pumpe im Magen: Die Wasserstoff-Kalium-ATPase; kurz (H⁺, K⁺)-ATPase genannt

Die Arbeitsweise der Säurepumpe (H⁺, K⁺)-ATPase

Stofftransporte in und aus Zellen sind bei allen höheren Lebewesen von zentraler Bedeutung. Alle Zellen sind von Membranen umgeben, die fettähnlich sind (Doppellipidschicht). Größere Moleküle oder solche, die wasserähnlich sind, sowie Ionen können sie nicht passieren. Auf diese Weise entstehen Unterschiede in der Innen- und Außenwelt von Zellen, für deren Überwindung den Zellen spezielle Poren, Transporter oder Pumpen zur Verfügung stehen. Pumpen dienen zum Aufbau von höheren Konzentrationen (Gradienten) von Stoffen. Sie benötigen dazu Energie für diesen, als aktiven Transport bezeichneten, Vorgang. Die Art und Weise, wie sie sich diese Energie beschaffen, führt zur Unterscheidung der Pumpentypen. Die Säurepumpe in der Magenwand wird zu den sogenannten P-Typ-Pumpen gerechnet. Zu dieser Gruppe gehören auch die Natrium-Kalium-Pumpe, die praktisch in allen Zellen vorkommt, und die Kalzium-Pumpe, die für die Funktion von Muskeln, z. B. des Herzmuskels, entscheidend ist. Alle drei genannten Pumpen transportieren Ionen (Ionenpumpen) auf ähnliche Art und benutzen dazu den universalen Biotreibstoff Adenosintriphosphat (ATP) als Energiequelle. Sie werden deshalb als P-Typ-Pumpen bezeichnet. ATP wird ihnen aus den Mitochondrien, den Zellorganellen, die als Kraftwerke der Zellen fungieren, geliefert.

Beim Energiebedarf der drei Pumpen bestehen beträchtliche Unterschiede, die sich aus der geleisteten Pumparbeit zum Aufbau der Gradienten ergeben. So schafft die Natrium-Kalium-Pumpe (Na^+,K^+-ATPase) im Schnitt gerade einmal eine Anreicherung um den Faktor acht, während die Ca^2+-ATPase es immerhin auf 30.000 bringt. Eine außergewöhnliche und zugleich die höchste Pumpleistung in der Natur vollbringt die Säurepumpe des Magens, die genauer als (H^+, K^+)-ATPase bezeichnet wird. Sie schafft eine sechsmillionenfache Erhöhung der Säurekonzentration! Die gepumpte Säure verlässt den sauren Teil der Belegzelle (Kanalikulus) mit einem pH-Wert von 0,8 und erscheint so im Magenbogen (Fundus), nachdem sie zusammen mit den anderen Sekreten, Pepsinogen und Magenschleim, durch den Drüsenschlauch den Weg ins Mageninnere gefunden hat.

Die Säurepumpe des Magens hat noch eine zusätzliche Arbeit zu verrichten: Sie pumpt im Gegenzug zu den Wasserstoffionen (Protonen) eine gleiche Anzahl von Kaliumionen in umgekehrter Richtung in das neutrale Kompartiment der Belegzelle (Zytosol) hinein. Deswegen wird sie auch (H^+,K^+)-ATPase genannt. Mit diesem zusätzlichen Rücktransport von Kaliumionen bleibt die Belegzelle elektrisch neutral. Ganz anders ist dies bei der Natriumpumpe. Sie schaufelt drei Natriumionen aus den Zellen heraus und pumpt im Gegenzug nur zwei Kaliumionen hinein. Das Zellinnere wird dadurch negativ geladen. Diese Tatsache trägt ganz entscheidend zur Feststellung bei, dass das Leben mit Elektrizität verbunden ist.

Wie wird die (H^+,K^+)-ATPase zum Arbeiten gezwungen?

Die meiste Zeit machen es sich die Säurepumpen bequem und ruhen sich, in Fettbläschen (Vesikel) eingehüllt, aus, so etwa in der Nacht oder wenn kein Essen verdaut werden muss. Die Befehle zum Arbeiten kommen über die Hormone Histamin und Gastrin und vom Vagusnerv (s. a. Pawlow-Versuch; Geruch, Geschmack). Dann heißt es für die Pumpen: Ab an die Front! Das heißt, sie verlassen die Vesikel, die sich im neutralen Teil der Belegzellen befinden, und reihen sich in die interne Trennwand der Belegzellen (apikale Membran) ein. In dieser Frontlinie fangen sie sofort an zu pumpen. Wenn die Arbeit getan ist, kehren sie wieder in die Vesikel zurück und warten, bis sie wieder an die Front gerufen werden (pump trafficking).

Für das richtige Einordnen in die trennende Membran hilft eine spezielle Untereinheit der (H^+, K^+)-ATPase, die kleine Beta-Einheit. Aus ihr und der großen Alpha-Einheit (1030 Aminosäuren) setzt sich die Pumpe zusammen. Die Beta-Einheit gibt nicht nur die richtige Orientierung der Alpha-Einheit vor, sondern sie legt sich schützend über den kleinen Anteil der Alpha-Einheit, der in den sauren Teil ragt. Die extreme Säure an dieser Stelle könnte einige der 1030 Aminosäuren zerhacken. Die Orientierung ist richtig, wenn die Alpha-Einheit die Membran zehnmal schlaufenähnlich durchdringt (transmembrane loops). Diese zehn Membrandurchgänge schaffen eine spezielle Umgebung in der Membran, die einem geschlossenen Kanal oder einer Pore ähnelt. Die Säureionen können hier durchgereicht werden.

Man kann sich den grandiosen Ablauf des Transports, der zum sechs millionenfachen Gradienten führt, ähnlich den Bewegungen einer gekonnt gespielten Billardkugel vorstellen, die mehrere Kugeln nacheinander trifft: Der initiale Stoß wird ausgelöst durch eine positiv geladene Aminogruppe, die unvermittelt in den Transportkanal eindringt. Diese positive Ladung vertreibt ein Proton, das schwach gebunden auf einer benachbarten Aminosäure sitzt. Nach einigen weiteren Stößen erreicht ein Proton schließlich das saure Kompartiment, nachdem der Kanal zuvor geöffnet wurde. Die außergewöhnlich großen Bewegungen der einzelnen Schlaufen sind genau aufeinander abgestimmt (konzertiert). Sie werden durch die Übertragung einer stark negativ geladenen Phosphat-Einheit aus ATP eingeleitet, wobei die Beta-Einheit unterstützend mitwirkt.

Bei der Hemmung der Protonenpumpe durch Protonenpumpenhemmer wird genau diese Beweglichkeit unterbunden, denn die aktivierten Protonenpumpenhemmer hängen sich über eine Schwefelbrücke an die (H^+,K^+)-ATPase. Sie ist dann unfähig zu pumpen, sie ist blockiert, ähnlich wie ein klemmendes Scharnier eine Tür blockieren kann.

Durch diese „Tür" müssen alle Säureionen, die ins Mageninnere kommen wollen. Diese Tatsache hat elementare Auswirkungen auf das Wirkungsspektrum aller Protonenpumpenhemmer: Egal welcher Stimulus gerade aktiv ist – Histamin, Gastrin oder Acetylcholin – alle können effektiv blockiert werden und es ist keine Umgehung möglich.

Entdeckung der (H^+,K^+)-ATPase:
Forte, J. G. et al., K$^+$-stimulated ATPase in purified microsomes of bullfrog oxyntic cells. *Biochim. Biophys. Acta* 307, 169–180 (1977)
Sachs G, et al., Metabolic and membrane aspects of gastric H$^+$ transport. Gastroenterology 1977; 73(4 Pt 2):931-940

Dreidimensionale Struktur der (H^+,K^+)-ATPase:
Abe, K. et al., Crystal structures of the gastric proton pump. Nature Vol. 556 (2018)

Die Säurepumpe in der Trennwand der Belegzelle enthält einige Cystein-Aminosäuren, deren Schwefelatome ich attackiere und in die ich mich verbeiße, oder, anders ausgedrückt, mit denen ich eine chemische Bindung eingehe. Besonders das Cystein mit der Nummer 813 habe ich zunächst im Auge. Es reicht am weitesten in das saure Kompartiment hinein. Schon der erste Biss (chemische Bindung) ist ausreichend, um die Pumpe lahmzulegen. Sie wird danach nie mehr pumpen können. Nur ganz wenige Pumpen werden viel später nochmals funktionsfähig. An Säure wird es nach der einmaligen Gabe nicht mangeln, denn jeden Tag werden 25 % der Säurepumpen neu gebildet (De-novo-Synthese). Damit habe ich meinen Job erledigt.

Zusammenfassend muss ich gestehen, dass ich die fleißige Früh- und Mittelschicht der Pumpen etwas hinterhältig erledige, denn ich benutze die von ihnen produzierte Säure, die ja ihr Gutes hat, für ihre Zerstörung. Sieht fast nach Beihilfe zum Selbstmord aus! Aber mein Verhalten ist hilfreich für den Patienten.

Mit diesem Kapitel verabschiede ich mich und wünsche allen Patienten und Anwendern schnelle Heilung und Schmerzbefreiung sowie Schutz vor allen zukünftigen Krankheiten, die durch zu viel Magensäure hervorgerufen werden.

Indikationen und Zulassungen von Pantoprazol im Überblick

Der leidende Patient möchte schmerzfrei und geheilt werden. Diese eigentlich banale Feststellung bedarf – und dies ist wiederum trivial – eines genauen Blicks auf das jeweilige Medikament. Pantoprazol kann die Magensäure „wegnehmen", indem es sie erst gar nicht entstehen lässt. Die Fachleute sprechen von einer Sekretionshemmung, die von einer Säureneutralisierung, z. B. mit einem basischen Stoff, unterschieden werden muss. Ein gesunder Magen eines Erwachsenen produziert täglich ungefähr zwei Liter dieser aggressiven Säure, ohne die Magenwand durch Verdauung zu beschädigen. Die Magenschleimhaut schützt sie davor.

Mit den Protonenpumpenhemmern stehen den Patienten heute hochwirksame und verträgliche Medikamente zur Verfügung, die gegen alle Beschwerden, die durch Magensäure vermittelt werden, eingesetzt werden können. Sie bewähren sich im großen Stil auch als Magenschutzmittel zur Verhinderung von Schäden durch antientzündliche Medikamente wie Aspirin, Diclofenac (Voltaren) und Ibuprofen.

Ganz neue Behandlungsmöglichkeiten für Entzündungen der Speiseröhre, hervorgerufen durch Rückfluss der Säure in die Speiseröhre (Reflux), sind mit ihnen möglich. Die vollständige Ausrottung des Magenkeims Helicobacter pylori, der für 95 % der Zwölffingerdarmgeschwüre und für die meisten Magengeschwüre verantwortlich ist, ist jetzt möglich.

Patienten, die sich wegen starken Magenblutens einer endoskopischen Behandlung unterwerfen müssen, profitieren in den Intensivstationen von der lebensrettenden Fähigkeit von Pantoprazol. Die Magensäure kann unter Anwendung hoher Dosierungen komplett verhindert und damit das Risiko von erneuten Magenblutungen ausgeschaltet werden.

Und schließlich kann die durch einen Tumor in der Bauchspeicheldrüse krankhaft erhöhte Magensäureproduktion bei Zollinger-Ellison-Syndrom-Patienten jetzt beherrscht werden. Diese Patienten können ohne Magenoperation wieder ein normales und schmerzfreies Leben führen.

Pantoprazol erfreut sich zunehmender Beliebtheit als eine Art Lifestyle-Medikament bei Exzessen mit Alkohol und Speisen (Off-Label-Gebrauch). Alkohol führt zur Erschlaffung des unteren Speiseröhrenmuskels (Ösophagussphinkter) und eine üppige Magenfüllung erhöht den Druck zusätzlich auf ihn. Damit wächst die Gefahr eines Rückfließens (Reflux) des sauren Mageninhalts in die Speiseröhre. Für diese rein präventive Anwendung, der keine Krankheit zugrunde liegt, besteht keine Zulassung. Rezeptfreies Pantoprazol (OTC, over the counter), das für eine zweiwöchige Anwendung als 20-mg-Tablette zugelassen und in Apotheken erhältlich ist, verleitet in steigendem Maße zu diesem Gebrauch. Die gute Verträglichkeit von Pantoprazol trägt ihr Übriges dazu bei.

Zulassungen und Hauptanwendungsgebiete von Pantoprazol:
- Verwendung als Magenschutz bei der Einnahme von **NSAR** (nichtsteroidale Antirheumatika)
- gegen Säurerückfluss in die Speiseröhre (Reflux-Krankheit)
- Erkrankungen, die durch Helicobacter pylori hervorgerufen werden
- Verhinderung von wiederholtem Magenbluten (rebleeding) und
- Behandlung von Zollinger-Ellison–Syndrom-Patienten

Verwendung ohne Zulassung (Off-Label-Gebrauch):
- als modernes Antazidum (Lifestyle-Medikament)

In den nachfolgenden Kapiteln werden Anwendungen von Pantoprazol in diesen verschiedenen Indikationen näher beschrieben. Begonnen wird mit einem typischen Dankesbrief einer Patientin, die vom Magenschutz durch Pantoprazol ohne Arzneimittelwechselwirkungen besonders profitierte.

NSAR (Nicht-Steroidale Anti-Rheumatika)
(engl. NSAIDs Non-Steroidal Anti-Inflammatory Drugs) umfassen Medikamente wie Azetylsalizylsäure (Aspirin), Ibuprofen und Diclofenac (Voltaren). Sie hemmen die Bildung von Prostaglandinen und werden als entzündungshemmende Antirheumatika und als Schmerzmittel verwendet. Aspirin (ASS) wird in niedrigen Dosierungen gegen Blutgerinnung eingesetzt.

Magenschutz

Magenschutz und eine geglückte Behandlung

Sevim Yildirim (Name geändert) aus Castrop-Rauxel (Ort geändert) schreibt am 20.11.2003 an ALTANA Pharma Deutschland GmbH, ehemals Byk Gulden GmbH:

> *„Sehr geehrte Damen und Herren,*
> *zunächst möchte ich mich bei Ihnen vorstellen. Mein Name ist Sevim Yildirim und ich komme aus Castrop-Rauxel.*
> *Aufgrund meiner Behinderung (Muskelschwund) hatte ich jahrelang Probleme mit meinem Magen. Wegen Herzinfarktprophylaxe musste ich weitere Medikamente nehmen, so Aspirin zur Gerinnungsverhinderung.*
> *Mein Hausarzt verschrieb mir Pantoprazol 40 mg (geändert von Pantozol ^{R}).*
> *Seitdem bin ich beschwerdefrei bezüglich meines Magens. Ich schätze dieses Medikament sehr, weil es hilft, besser durchs Leben zu kommen.*
> *Vielleicht wäre es ja mal auch einmal möglich, sich persönlich bei Ihren Chemikern zu bedanken.*
> *Hochachtungsvoll*
> *Sevim Yildirim"*

Die Wissenschaftler hat dieser Dank sehr erfreut. Er belegt, dass die Entwicklung von Pantoprazol von den Patienten hochgeschätzt wird.

Sevim war zu dieser Zeit Kosmetik- und Parfümeriefachkraft in der Kosmetikabteilung eines großen Warenhauses. Erfolgreich, immer bestens gestylt und von den Kundinnen wegen ihres Fachwissens und ihres freundlichen Wesens hochgeschätzt. Doch ihre körperliche Leistungsfähigkeit ließ nach. Als sie 47 war, wurde die Krankheit Muskelschwund festgestellt. Diese Krankheit machte aus der ehemals so dynamischen Frau eine Teilnehmerin an einer Umschulungsmaßnahme.

Eine Nebenerscheinung der Erkrankung waren ständige Magen- und Darmbeschwerden. Nichts half dagegen.

Schon vor der Erkrankung war sie weiblich wohlgerundet. Nun führte der Bewegungsmangel und die Beibehaltung der früheren Essgewohnheiten zu weiteren Kilos. Zu hohe Blutfettwerte, Bluthochdruck, das Übergewicht und der krankheitsbedingte Bewegungsmangel, alles nicht gut, so der ärztliche Befund. Also wurden ihr Blutdruck- und Cholesterinsenker zusätzlich zu den Medikamenten der Vorerkrankung verschrieben. Ihr Hausarzt riet ihr außerdem, täglich 100 mg Aspirin zur Prophylaxe gegen Herzinfarkt einzunehmen. Und verschrieb ihr als Magenschutz gegen die Nebenwirkungen des Pillencocktails, den sie zu sich nehmen musste, Pantoprazol.

Pantoprazol machte „ganze Sache". Die Magenschmerzen aufgrund der Erkrankung an Muskelschwund waren wie weggeblasen und Pantoprazol stellte einen hocheffizienten Magenschutz gegen die aggressive Wirkung der anderen Medikamente dar, insbesondere gegen das – eigentlich schwach dosierte – Aspirin.

Aspirin, Voltaren und Ibuprofen brauchen mich

Die Einnahme von nichtsteroidalen Antirheumatika (NSAR) wie z. B. Aspirin, Ibuprofen oder Diclofenac (Voltaren) kann zu Schädigungen der Oberflächenzellen der Magenwand führen. Sie vermindern die wichtige lokale Ausschüttung von Prostaglandin, was zu einer Verminderung der Schleimbildung, der Bikarbonat-Bildung und einer geringeren Regeneration der Oberflächenzellen des Magens führt. Es kann zu gefährlichen Blutungen der Magenwand und zu einem Anstieg der Säuresekretion kommen. Pantoprazol kann wirksam gegen diese Kausalkette angehen, indem die aggressive Magensäuresekretion gezügelt wird. In welchem Ausmaß dies geschehen soll, muss mit einem Arzt beraten werden, denn Dosis und Dauer der Behandlung sind individuell unterschiedlich. Die exzellente Kompatibilität von Pantoprazol gegenüber gleichzeitig eingenommenen anderen Medikamenten und die freie Verfügbarkeit der 20-mg-Tablette ohne Rezept unterstützen die weitverbreitete Anwendung.

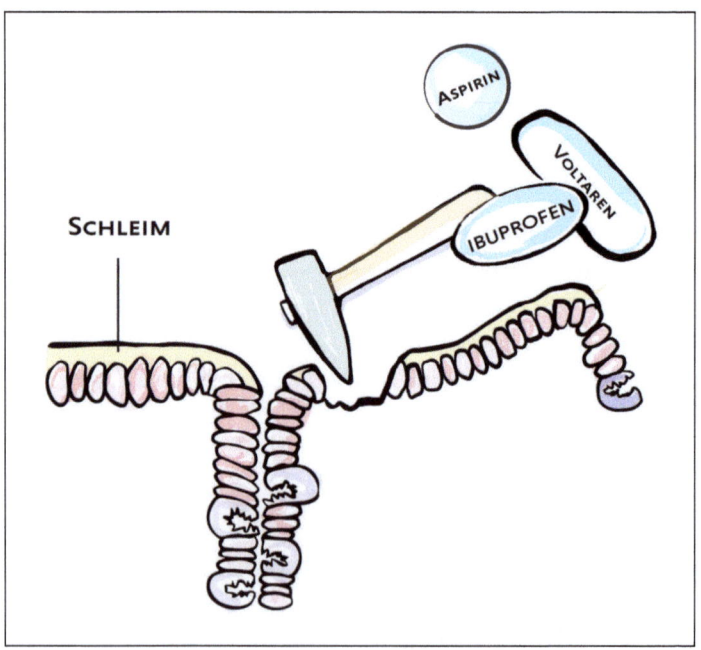

Abb. 19: Schädigung der Magenwand durch Ibuprofen (Ibu), Diclofenac (Voltaren) und Acetylsalicylsäure (Aspirin). Die Hemmung der Prostaglandinproduktion durch Ibuprofen, Diclofenac (Voltaren) und Acetylsalicylsäure (Aspirin) führt zu geringerem Schutz der Magenwand.

Wie geschaffen für ältere Menschen und für chronisch Kranke

Pantoprazol ist „wie geschaffen" für eine alternde Gesellschaft. In Deutschland sind fast 18 Millionen Einwohner über 65 Jahre alt, und ihr Anteil soll bis zum Jahr 2060 auf ein Drittel der Gesamtbevölkerung ansteigen. Viele ältere Menschen sind häufiger krank und viele leiden an chronischen Erkrankungen. Viele müssen zahlreiche verschiedene Medikamente gleichzeitig einnehmen, z. B. gegen Herz-Kreislauf-Erkrankungen, Diabetes, Depressionen oder Inkontinenz. In schweren Fällen sind es oft über zehn Medikamente täglich, die eingenommen werden müssen. Die einzelnen Bestandteile in diesem Pillencocktail können sich untereinander ungünstig beeinflussen und zu heftigen Nebenwirkungen führen. Dann kann Medizin zu Gift werden.

Wie kann das passieren? Wenn man weiß, dass für den menschlichen Organismus Arzneimittel, aber auch bestimmte Naturstoffe, generell Fremdstoffe (Xenobiotika) sind, die möglichst schnell ausgeschieden werden sollen, wird der komplizierte Sachverhalt leicht verständlich. Die Ausscheidung (Elimination) dieser Stoffe geschieht größtenteils in der Leber, die dafür eine ganze Reihe von Werkzeugen (Enzyme) besitzt. Jeder Stoff, der über die Niere oder den Stuhl ausgeschieden werden soll, muss dafür wasserlöslich gemacht werden. Dieser Prozess wird Metabolisierung genannt.

Wenn mehrere Stoffe gleichzeitig ausgeschieden werden sollen, wird die Situation schwieriger. Es entsteht eine Konkurrenzsituation um die Ausscheidungswerkzeuge. Dabei gibt es prinzipiell drei Situationen, die ein Stoff, zum Beispiel ein Medikament A, durch ein anderes Medikament B (Komedikament) bei der Ausscheidung erleiden kann: B kann die Ausscheidung von Medikament A behindern (Inhibition), es kann sie beschleunigen (Induktion) oder sie nicht beeinflussen. In den ersten beiden Fällen können gravierende Situationen für Medikament A auftreten.

Wenn eine Inhibition von A durch B entsteht, kann das einer Überdosierung entsprechen und entsprechende Sicherheitsschwellen können überschritten werden, die sogar zu Todesfällen führen können. Ein ganz übler Behinderer der Elimination von einer ganzen Reihe von Medikamenten ist Grapefruitsaft, zum Beispiel zweimal je 100 ml/Tag.

Im anderen ungünstigen Fall, wenn Medikament B ein Beschleuniger für die Elimination von A ist, werden notwendige Konzentrationen für seine Wirkung nicht oder nur kurzzeitig erreicht. Es wird dadurch weniger wirksam oder sogar wirkungslos, was ebenso zu gefährlichen Zuständen führen kann, wenn die Wirkung lebensnotwendig ist (Komorbidität).

Der dritte Fall, wenn B keine Auswirkung auf die Ausscheidung von A hat, ist der Idealfall. Dann brauchen sich Arzt und Patient keine Gedanken über Begleitmedikamente zu machen. Pantoprazol gehört in diese Klasse!

Pantoprazol zeigt praktisch keine **metabolische Arzneimittelinteraktionen.** Es ist vollkommen „sauber", wie in vielen klinischen Studien nachgewiesen werden konnte. Diese herausragende Eigenschaft von Pantoprazol ist schon frühzeitig präklinisch erkannt worden.

Bei **metabolischen Arzneimittel-Wechselwirkungen** (Arzneimittelinteraktionen) wird der Metabolismus einer Begleitmedikation, (Komedikation) beeinflusst (verlangsamt oder beschleunigt), was zu geänderten Wirkungen dieser Medikamente führen kann. Ein Medikament kann sich auch selbst beeinflussen (Autoinduktion oder Autoinhibition). Die Wirkung nimmt dann mit der Zeit ab oder zu. So behindert zum Beispiel Omeprazol seine eigene Ausscheidung durch Autoinhibition, wodurch seine Magensäurehemmung nach mehrfacher Gabe zunimmt. Pantoprazol hat dagegen eine sogenannte lineare Kinetik.

Metabolische Arzneimittelwechselwirkungen (Arzneimittelinteraktionen) sind im Allgemeinen äußerst wenig willkommen. Der verschreibende Arzt muss sich vergewissern, ob seine Verschreibung zu Wechselwirkungen Anlass gibt und ob bei einem Pillencocktail eventuell Risiken für den Patienten entstehen können.

Pantoprazol kann die Aufnahme gleichzeitig eingenommener Medikamente beeinflussen. Diese Beeinflussung hat aber nichts mit einer metabolischen Wechselwirkung zu tun, sondern rührt einfach daher, dass durch die starke Wirkung von Pantoprazol weniger Magensaft für die Auflösung und den Transport von Medikamenten im Magen zur Verfügung steht. Dadurch kann es zu geringfügigen Verzögerungen von deren Resorption kommen. Dieser Effekt ist indes gering und ihm kann durch die Einnahme von etwas Flüssigkeit gegengesteuert werden.

	OMEPRAZOL	LASONPRAZOL	PANTOPRAZOL
Antazida	ohne	unklar	ohne
Antipyrin	mit	mit	ohne
Bortezomid	ohne	unbekannt	unbekannt
Koffein	unklar	ohne	ohne
Carbamazepin	mit	unbekannt	ohne
Kontrazeptiva	unbekannt	unklar	ohne
Ciclosporin	unklar	unbekannt	unbekannt
Ciprofloxacin	ohne	unbekannt	unbekannt
Citalopram	mit	unbekannt	unbekannt
Clarithromycin	ohne	unbekannt	ohne
Clopidogrel	mit	unbekannt	ohne
Diazepam	mit	unbekannt	ohne
Diclofenac	ohne	unbekannt	ohne
Digoxin	mit	unbekannt	ohne
Ethanol	ohne	ohne	unbekannt
Gemifloxacin	ohne	unbekannt	unbekannt
Glibenclamid	ohne	unbekannt	ohne
Metoprolol	ohne	unbekannt	ohne
Naproxen	ohne	unbekannt	ohne
Nifedipin	mit	unbekannt	ohne
Phenprocoumon	mit	unbekannt	ohne
Phenytoin	mit	unbekannt	unbekannt
Piroxicam	ohne	unbekannt	unbekannt
Tacrolimus	unbekannt	mit	unbekannt
Theophyllin	ohne	unklar	ohne
Warfarin	mit	ohne	ohne

BERICHTETE WECHSELWIRKUNGEN:

■ = ohne   ■ = unklar   ■ = mit   ■ = unbekannt

Abb. 20: Metabolische Beeinflussung von anderen ge-
bräuchlichen Arzneimitteln durch Protonenpumpen-
hemmer als Begleitmedizin. Pantoprazol besticht durch
fehlende Beeinflussungen (Wechselwirkungen). Ad-
aptiert nach Wedemeyer R. S. und Blume H. Drug Saf.
2014(4): 201–11.

Dass sich die Wissenschaft mit dem Problem der metabolischen Arzneimittelinteraktionen bei älteren Menschen intensiv befasst, zeigt eine große Studie von D. McCarthy (Medical Tribune 2002; 7: 1–4) sehr eindrücklich. Die Studie umfasste 85.000 Refluxösophagitis-Patienten, die älter als 65 Jahre waren und mit einem Säureblocker behandelt werden mussten. Bei diesen älteren Patienten lag eine ganze Reihe von chronischen Begleiterkrankungen vor, die behandelt werden mussten. So hatten

- 51 % Herz-Kreislauf-Probleme,
- 40 % litten an Atembeschwerden,
- 38 % hatten Bluthochdruck,
- 29 % litten an gastrointestinalen Störungen und
- 22 % waren Diabetiker.

Die Behandlung von älteren multimorbiden Patienten verlangt die gründliche Überprüfung möglicher metabolischer Arzneimittelwechselwirkungen durch den Arzt. Für diese Patienten mit Refluxösophagitis ist die Behandlung mit einem wechselwirkungsfreien Protonenpumpenhemmer ein Segen. Mit Pantoprazol ist dies der Fall.

Wenn Magensaft in die Speiseröhre schwappt: Die schmerzhafte Refluxkrankheit

Wie Sandra Pantoprazol lieben lernte

Ihre Gesundheit und die Gesundheit ihrer Familie waren für Sandra zu einer Herzensangelegenheit geworden. Die Geburt ihres Sohns Kai hatte eine einschneidende Änderung in ihrem Leben gebracht. Damals wurde ihr klar, was es bedeutet, gesund zu sein und gesund zu leben. Im Laufe der Schwangerschaft hatte sie zum ersten Mal in ihrem Leben ein schreckliches Unwohlsein gespürt. Es waren heftige Schmerzen, die vom Magen ausgingen und wie ein loderndes Feuer die Speiseröhre hochstiegen. Schrecklich, die ätzende Magensäure in der Kehle und im Mund zu spüren. Ähnliches hatte sie vorher trotz einiger Alkoholexzesse und Kettenrauchens nie gespürt. Die Ärzte hatten ihr erklärt, dass es sich um den bei fast allen Schwangeren auftretenden **Säurerückfluss (gastroösophagealer Reflux)** *handelt.*

Säurerückfluss (gastroösophagealer Reflux)
von griechisch gaster = Magen, ösophageal = Speiseröhre betreffend, Reflux = Rückfluss von lat. refluere = zurückfließen. Der Rückfluss des sauren Magensafts in die Speiseröhre kann zu einer Erkrankung der Speiseröhre führen, die als sehr schmerzhaft empfunden wird. Die Beschwerden reichen von Sodbrennen bis zu Geschwüren in der Speiseröhre, die im schlimmsten Fall zu Tumoren führen können. Es können auch Symptome außerhalb der Speiseröhre, wie z. B. chronischer Husten, Asthma, Kehlkopfentzündungen, Veränderungen an den Zähnen sowie Zahnschmerzen auftreten.

Unter den Bedingungen einer Schwangerschaft erhöht sich die Hormonkonzentration von Progesteron und Östrogen. Beide schwächen den unteren Schließmuskel der Speiseröhre, was dazu führen kann, dass keine vollständige Abdichtung zwischen Speiseröhre und Magen mehr gewährleistet ist. In der Folge kommt es zum Rückfluss von saurem Mageninhalt in die Speiseröhre (Reflux), die für solche Ereignisse nicht gewappnet ist. Sie reagiert mit brennenden Schmerzen, die direkt hinter dem Brustbein zu spüren sind. Zusätzlicher Druck in der Bauchhöhle durch die anschwellende Gebärmutter tat noch ein Übriges, um mehr Mageninhalt in die Speiseröhre aufsteigen zu lassen.

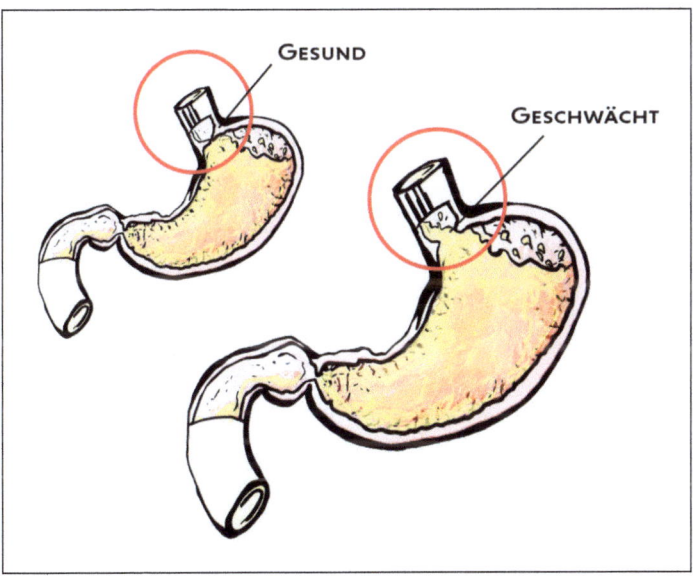

Abb. 21: Geschwächter Speiseröhren-Schließmuskel. Er lässt das kurzzeitige Hochschwappen (Reflux) von saurem Mageninhalt zu, was als sehr schmerzhaft empfunden wird und zu schwerwiegenden Schädigungen (Gastroösophageale Refluxkrankheit) in der ungeschützten Speiseröhrenwand führen kann. In besonders schweren Fällen kommt es zum Reflux aus dem Dünndarm.

Ein erhöht gelagerter Oberkörper beim Schlafen verschaffte Sandra ein wenig Linderung. Sie verspürte die Schmerzen oft derart stark, dass sie sich in die Sitzposition aufrichten musste. Mit dem Schlafen war es dann vorbei und die Nächte dauerten ewig. Mit Medikamenten wie Säureneutralisierer oder Säureblocker wollte sie sich nicht behandeln lassen. Das entsprach nicht ihrer Lebenseinstellung, und für Kai wollte sie alle schädlichen Einflüsse von außen vermeiden.

Die schrecklichen Erfahrungen mit dem Sodbrennen und das häufige saure Erbrechen in der Schwangerschaft hatten sich tief in ihr Unterbewusstsein eingegraben. Mit Markus, ihrem Mann, führte sie fortan, wie sie es ausdrückte, ein natürliches Leben. Alkohol und Rauchen waren für sie tabu. Einzig ihre Liebe zu Schokolade behielt sie bei. Wenn in der Familie jemand krank wurde, war der Gang zur Apotheke äußerst selten und auch nur dann, um pflanzliche Heilmittel mitzubringen. Das gelegentliche Aufstoßen aus dem Magen führte sie auf ihre Liebe zu Kaffee zurück, den sie aber bald durch Tee ersetzte.

Doch das saure Aufstoßen blieb und häufte sich über die Jahre. Dann, irgendwann in einem Spätherbst, trat zum ersten Mal wieder das gefürchtete feurige Sodbrennen bei ihr auf, das ihr oft den Schlaf raubte. Auch ihren geliebten Garten konnte sie, wenn überhaupt, nur kurzzeitig pflegen, denn bei jedem Bücken spürte sie das Feuer, das die Speiseröhre hochloderte. Dabei war es ihr so wichtig, das eigene Gemüse für ihre Familie zu ernten und sie damit gesund zu ernähren. Doch selbst mit Schonkost, Leinsamen und Haferschleim war dem Übel nicht beizukommen. Sie trank jede Menge Ingwertee, den sie noch mit etwas Zimt und Gelbwurz versetzte. Doch alles half nicht weiter. Sie nahm sichtlich ab und ihre Familie begann, sich ernsthaft Sorgen zu machen.

„Es ist schlimm, Mama, dich so leiden zu sehen", sagte eines Tages ihr Sohn Kai, der inzwischen Medizin studierte.

„Ich habe dich bei einem Gastroenterologen angemeldet. Es kann so mit dir nicht weitergehen. Dein Zustand wird von Tag zu Tag schlimmer. Dr. Ulmer, bei dem ich dich angemeldet habe, ist ein sehr erfahrener und passionierter Arzt und hält sich durch Kongressbesuche auf dem neuesten Stand der Wissenschaft, wie er mir versicherte. Also bitte geh hin."

Jetzt gab es kein Zurück mehr für Sandra. Irgendwie war sie in letzter Zeit so schwach geworden, dass ihr Widerwille gegen jede medizinische Behandlung durch Schulmediziner verschwand. Kai war es gelungen, bereits für den nächsten Tag einen Termin bei Dr. Ulmer zu erhalten. Diesen Termin musste sie jetzt wahrnehmen. Von Kai erfuhr Sandra, dass Dr. Ulmer viele Fragen an seine Patienten stellte und sich die Antworten genau aufschrieb.

„Wo fühlen Sie die Schmerzen und zu welcher Tageszeit sind sie am stärksten?", war die erste Frage an Sandra.

„Zeigen Sie mir genau die Stelle, an der es weh tut, und sagen Sie mir, wie lange der Schmerz dort anhält."

Dr. Ulmer notierte sich alle Antworten auf einem Fragebogen, den er selbst über die Jahre hinweg entworfen hatte. Ihm war bald klar, dass er sich bei Sandra ein genaueres Bild machen musste. Dazu war eine **Magenspiegelung (Gastroskopie)** nötig.

Magenspiegelung (Gastroskopie)

Mittels Magenspiegelung kann der Arzt Speiseröhre, Magen und Zwölffingerdarm von innen untersuchen. Sie erfolgt mit einem Gastroskop. Moderne Gastroskope haben am Kopf eine Videokamera und kleine Zangen zum Entnehmen von Gewebeproben (Biopsien) sowie Kanäle zum Absaugen und Zuführen von Flüssigkeiten.

„Mit einer Magenspiegelung kann ich den unteren Speiseröhren-Schließmuskel und seine Umgebung und sogar den Magen mit seinem unteren Ausgang zum Dünndarm hin (Pylorus) genau anschauen und sehen, wo das Problem liegt, das Sie schon die ganze Zeit quält."

Sandra willigte widerstandslos ein.

„Und ich kann mit dem Gastroskop kleine Gewebeproben entnehmen, die in einem externen Labor genau untersucht werden. Dann wissen wir, in welchem Krankheitszustand sich der untere Verschluss der Speiseröhre befindet und vor allem, ob ein Tumor vorliegt, was bei Ihren Symptomen immer möglich ist. Das Ganze läuft fast schmerzlos für Sie ab."

Er holte aus dem Schrank ein Plastikmodell heraus, das den oberen Magenverschluss darstellte.

„Das sind Modellsituationen. Aus eigener Erfahrung weiß ich, dass es Patienten gibt, die üble Beschwerden haben, aber keine sichtbaren Geschwüre zeigen. Das macht die Diagnose schwierig."

Sandra versuchte Dr. Ulmers eher theoretischen Ausführungen zu folgen, was ihr sehr schwerfiel, denn ihre Gedanken waren bei den unangenehmen Erfahrungen, die ihre Nachbarin bei ihrer Gastroskopie vor Jahren machen musste. Sie fragte Dr. Ulmer deshalb nach mehr Einzelheiten seines Vorgehens.

„Machen Sie sich da keine Sorgen. Diese Prozedur haben bei mir schon viele Patienten ohne Probleme überstanden. Ich verwende einen sehr dünnen Schlauch, den ich vorsichtig durch die Nase unter einer kurzen Narkose einführe", versuchte er sie zu beruhigen.

„Kommen Sie doch gleich morgen früh nüchtern in die Praxis. Wir machen noch einen Termin frei."

Sandra willigte in alles ein, was Dr. Ulmer vorschlug. Sie hatte Zutrauen zu ihm gewonnen. Ihr Widerstand gegen die klassische Medizin war endgültig gebrochen. Zu schrecklich waren die Schmerzen, die immer wieder wie ein Feuer aus ihrer Speiseröhre heraufstiegen und jede Lebensfreude erstickten.

Für Dr. Ulmer und sein Team war die Magenspiegelung am nächsten Tag reine Routine. Als passionierter Arzt war er sehr gespannt, wie die geschilderten Symptome von Sandra mit den Befunden in Einklang zu bringen waren. Zusammen mit den Ergebnissen der Gewebeuntersuchungen konnte er eine punktgenaue Behandlung seiner Patientin einleiten. Viele seiner Kollegen gingen da etwas anders vor und begannen oft erst mit einer **versuchsweisen Behandlung (probatorischen)** mit einem

Säureblocker, zum Beispiel mit Pantoprazol. Er aber wollte sich im Falle von Sandra lieber gleich auf die Ergebnisse der Magenspiegelung stützen.

Bei der versuchsweisen (probatorischen) Behandlung werden Säurepumpenhemmer in Standarddosierung für vier Wochen verabreicht. Therapieziel ist die Symptomlinderung oder -freiheit, was in ca. 85 % der Fälle innerhalb von fünf bis zehn Tagen erreicht werden kann. Wird keine Heilung erreicht, muss endoskopisch nach den Ursachen der Krankheit gesucht werden.

Kai brachte seine Mutter am nächsten Tag zu Dr. Ulmer, von dem er als angehender Arzt einiges lernen wollte. Er hatte seine Mutter und Dr. Ulmer gefragt, ob er bei der Untersuchung dabei sein dürfe. Nach kurzer Vorbehandlung seiner Mutter durch eine junge Anästhesistin zeigte ihm Dr. Ulmer am Monitor die Bilder, die eine Videokamera an der Spitze des Gastroskops lieferte. Am unteren Ende der Speiseröhre sahen sie gerötete Stellen mit Geschwüren, die an einer Stelle sogar ganz um die Speiseröhre herumreichten.

„Diese Defekte sind nach der allgemein anerkannten Klassifikation von Savary und Miller als schwerste Schädigungen einzustufen (Stadium IV). Es sind vernarbte Wunden, die wir uns genau ansehen müssen, sie werden in ihrer Gesamtheit als ein sogenannter Barrett-Ösophagus bezeichnet. Dieser entsteht durch das ständige Zurückfließen von saurem Mageninhalt in die Speiseröhre. Das kann zu schlimmen Entartungen der Zellen führen. Allem Anschein nach haben sich zum Glück bei deiner Mutter noch keine sichtbaren Karzinome entwickelt. Aber wir müssen mit dieser Aussage vorsichtig sein, denn erst eine Gewebeuntersuchung wird uns definitive Klarheit bringen.“

Kai war erst einmal erleichtert, und er begann zu hoffen, dass sich vielleicht bald alles zum Guten wendet. Dr. Ulmer erklärte ihm noch, wie die Therapie aussehen würde, wenn sich die Karzinome hoffentlich nicht bestätigten. Er dozierte ein wenig für den angehenden Arzt Kai.

„Eigentlich müsste man medikamentös nur den Schließmuskel der Speiseröhre zum Magen hin straffen, um den schädigenden Rückfluss des sauren Magensafts zu verhindern. Das ist natürlich ein Wunschtraum von uns Ärzten, der wahrscheinlich nie in Erfüllung gehen wird. Zu stark dürfte er auch nicht gestrafft werden, denn die Speisen sollen ja schnell in den Magen durchrutschen können. Zudem sollte der Pförtnermuskel am Magenausgang Richtung Darm nicht gleichzeitig gestrafft werden, denn ansonsten bekämen die Patienten eine Verstopfung. Auch keine guten Aussichten!"

„Gibt es denn keine anderen Wege, um dieses Problem rein mechanisch oder elektrisch gesteuert zu lösen?"

„Doch, die gibt es. Eine Methode wird bereits angeboten. Es handelt sich um chirurgische Therapieoptionen, bei denen man versucht, Elektroden zur Stimulation des unteren Speiseröhrenmuskels anzubringen. Sie müssen durch die Bauchwand hindurch angebracht werden. Der Muskel kann dann durch Strom praktisch beliebig gestrafft werden. Der zu schlaffe Muskel ist ja das eigentliche Problem der Krankheit. Die Operationen erfordern meist einen stationären Aufenthalt und werden erst eingesetzt, wenn eine Behandlung mit Tabletten nicht den vollen Erfolg bringt", meinte Dr. Ulmer kritisch, denn er war von diesen neuen Methoden noch nicht überzeugt.

„In der jetzigen Situation nehmen wir ersatzweise die Magensäure weg. Dazu sind die Protonenpumpenhemmer wie Pantoprazol oder Omeprazol geeignet. In meinen ärztlichen Anfängen standen uns nur die H2-Blocker zur Verfügung."

H2-Blocker
können die durch Histamin vermittelte Magensäureproduktion selektiv blockieren, ohne die vielfältigen Wirkungen des

Gewebshormons Histamin zu beeinflussen. Cimetidin (Handelsname Tagamet) war der erste H2-Blocker, der 1976 einen Durchbruch in der Behandlung von säurebedingten Magen- und Darmkrankheiten darstellte. H2-Blocker sind den Protonenpumpenhemmern bei der Behandlung von Refluxkrankheit unterlegen, da ihre Wirkstärke nach wenigen Tagen entscheidend nachlässt (Rebound-Effekt).

„Ist die totale Hemmung der Säureproduktion bei den Reflux-Patienten wie meiner Mutter denn überhaupt notwendig?", wollte Kai wissen.

„Unbedingt! Sonst kommt es zu keiner Heilung. Das weiß man von den Patienten, die früher mit H2-Blockern behandelt wurden. Die quälenden Schmerzen hören nach der starken Säureblockade durch Protonenpumpeninhibitoren sehr bald auf."

„Was ist die Erklärung dafür? Spielt Pepsin im Magen hier eine große Rolle?"

„Ja, eine ganz entscheidende! Wenn die Säure fehlt, arbeitet Pepsin nicht mehr, das heißt, es findet keine Verdauung mehr statt. Das gilt für die aufgenommene Nahrung, aber eben auch für die Region im und oberhalb des Ösophagussphinkters. Dort sind keine Schutzmechanismen gegen Selbstverdauung vorhanden."

Zum Schluss verschrieb Dr. Ulmer seiner Patientin noch Pantoprazol 40 mg für die tägliche Einnahme eine halbe Stunde vor dem Frühstück.

„Bleiben Sie ruhig bei Ihrer natürlichen Lebensweise, aber Sie müssen das Medikament bis auf Weiteres regelmäßig einnehmen. Bitte kommen Sie in zwei Tagen wieder, dann haben wir das Ergebnis der Gewebeuntersuchung vorliegen und legen dann den endgültigen Heilungsplan fest. Und bitte keine Schokolade mehr!" So verabschiedete Dr. Ulmer beide.

Sandra hatte Glück! Es zeigte sich, dass die gefürchteten Karzinome in der Speiseröhre noch nicht existierten. Der weitere Heilungsprozess unter Pantoprazol verlief zur vollen Zufriedenheit von Dr. Ulmer, den Sandra noch längere Zeit für die Kontrollen aufsuchte, und um mit ihm die geplante Reduzierung der Dosis für die Dauertherapie festzulegen. Sie konnte wieder gut schlafen, erreichte bald wieder ihr früheres Gewicht und ihre Fröhlichkeit kehrte zurück. Millionen Menschen ging und geht es ebenso.

Die Refluxkrankheit: Vorkommen und Folgekrankheiten

Die Refluxkrankheit, kurz GERD genannt (von engl. Gastro-Esophageal Reflux Disease), ist eine Massenerkrankung, an der ca. 10 % der Bevölkerung leiden. Mehr als die Hälfte der Erwachsenen, die an Refluxbeschwerden leiden, entwickeln eine Entzündung (Refluxösophagitis), wovon wiederum 10 % präkanzerotische Veränderungen aufweisen, die bei 10 % zu einem Speiseröhrenkarzinom entarten. Es sind oft übergewichtige Männer über 50 Jahren, von denen über 80 % einmal im Monat und 20 % sogar täglich Sodbrennen bekommen. In den letzten Jahrzehnten haben die Neuerkrankungen mit Refluxkrankheit durch den gestiegenen Lebensstandard und das geänderte Essverhalten stark zugenommen. Parallel dazu nahmen die Karzinome, die am Übergang zwischen Speiseröhre und Magen lokalisiert sind, ebenfalls zu.

Der Leidensdruck bei der Refluxkrankheit ist beträchtlich und beeinflusst die Lebensqualität der Patienten mehr als die meisten anderen chronischen Krankheiten wie Diabetes oder Bluthochdruck. Die auftretenden Symptome sind Sodbrennen, saures Aufstoßen, Oberbauchbeschwerden und Schlafstörungen, verbunden mit heftig empfundenen Schmerzen. Auch in den an den Magen angrenzenden Organen bleibt der gastroösophageale Reflux nicht immer ohne Folgen. Während gelegentliches Aufstoßen, zum Beispiel beim Bücken mit gefülltem Magen, nur als unangenehm empfunden wird, können bei häufigem Aufstoßen weitere Beschwerden gravierender Art eintreten. Zum Beispiel können chronischer Husten, Heiserkeit, chronische Bronchitis, Asthma, Kehlkopfentzündungen und Veränderungen an den Zähnen hinzukommen. Auch Zahnschmerzen können bei Reflux des Mageninhalts auftreten.

Versagen des unteren Schließmuskels der Speiseröhre (Ösophagussphinkter)

Der Übergang zwischen Magen und Speiseröhre wird durch einen Ringmuskel in der Speiseröhrenwand und durch eine Zwerchfellzwinge abgedichtet. Diese muskuläre Verschlussvorrichtung verhindert im Normalfall das Rückfließen und Hochschießen von saurem Mageninhalt in die Speiseröhre (Reflux). Wenn dieser Verschluss nicht genügend abdichtet, kann der aggressive Mageninhalt mit der Magensäure und dem Verdauungsenzym Pepsin in die Speiseröhre gelangen und die dortige Schleimhaut schädigen. Gegen geringe aggressive Rückflüsse ist die Schleimhaut durch den Zufluss von alkalischem Speichelsekret geschützt. Wenn der Schließmuskel jedoch durch starken Stress, durch Fette, Schokolade, Alkohol, Kaffee und Nikotin sowie durch Medikamente, die generell Muskeln entspannen, beeinträchtigt ist, und zusätzlich erhöhter Magendruck durch starke Füllung hinzukommt, leiden die Betroffenen an Sodbrennen. Es wird im Englischen als „heartburn" bezeichnet, da das schmerzhafte Brennen direkt unter dem Herzen empfunden wird.

Schäden an der Schleimhaut der Speiseröhre erlauben es den Säureionen in die freigelegten Nervenzellen einzudringen und heftige Schmerzen auszulösen. Wenn neben dem Reflux von Mageninhalt auch noch Reflux von Darminhalt beigemischt ist, verursacht der gallig-saure Rückfluss starken oxidativen Stress und schädigt die Oberflächenzellen der Speiseröhre beträchtlich. Erstaunlicherweise können dennoch bei 60 % der Patienten bei einer endoskopischen Untersuchung keine oberflächlichen Schäden entdeckt werden. Bei den restlichen 40 % sind Schäden unterschiedlichen Ausmaßes erkennbar, die als Refluxösophagitis bezeichnet werden. Sie reichen von vereinzelten Schädigungen (Läsionen) bis zu Rundumschäden an der Speiseröhre. Wenn der Rückfluss öfters oder gar permanent auftritt, können schwerwiegende Entzündungen der Speiseröhrenschleimhaut entstehen, die zum Umbau der Schleimhaut führen. Das Plattenepithel der gesunden Schleimhaut wird zu einem Zylinderepithel und das Innere der Speiseröhre wird hierbei verkürzt (Barrett-Ösophagus). Ohne Behandlung kann sich am Ende ein Speiseröhrenkrebs entwickeln.

Die Behandlung der Refluxkrankheit

Leidet ein Erwachsener mehr als einmal pro Woche an Sodbrennen, sollte eine Behandlung des Leidens erfolgen, da ohne Behandlung die Wahrscheinlichkeit für die Entstehung eines Ösophaguskarzinoms um das Achtfache ansteigt. In diesem Stadium null kann die Behandlung der Refluxkrankheit auch ohne eine endoskopische Untersuchung mit nicht rezeptpflichtigem Pantoprazol (20 mg) begonnen werden. Mit dieser frühzeitigen Therapie über zwei Wochen kann verhindert werden, dass sich eine Entzündung der Speiseröhre (Ösophagitis) überhaupt entwickeln kann. Ein solches Vorgehen wird auch von einer Arzneimittelrichtlinie aus wirtschaftlichen Gründen empfohlen.

In den meisten Fällen einer leichten Refluxkrankheit ist diese Behandlung erfolgreich. Sind die Symptome nach dieser Zeit jedoch nicht abgeklungen und sind Alarmsymptome wie anhaltender Schmerz sowie Schluckstörungen (Dysphagie) vorhanden und der Patient hat weiter abgenommen, muss dringend ein Arzt konsultiert werden, der eine gründliche

Anamnese vornehmen muss. Eine endoskopische Untersuchung mit eventueller Entnahme von Gewebe für histologische Untersuchungen wird eine präzise Diagnose ermöglichen.

Liegen bei einem Patienten mit Reflux bereits Oberflächendefekte in der Speiseröhre vor, muss mit einem Protonenpumpenhemmer in der Regel vier bis acht Wochen therapiert werden. Ziel der Behandlung ist es, Beschwerdefreiheit und Abheilung der Epitheldefekte zu erreichen. Schon nach kurzer Zeit sind die meisten Patienten schmerzfrei. Die Behandlung sollte von folgenden allgemeinen Maßnahmen begleitet werden: keine fettreichen und üppigen Mahlzeiten, besonders vor der Nachtruhe, zu sich nehmen; keinen Weißwein oder Schnaps trinken und das Kopfende des Bettes nachts hochstellen.

Für die Heilung der Entzündung sind Protonenpumpenhemmer in ihrer Normaldosierung (40 mg bei Pantoprazol) die Mittel der ersten Wahl: Schon nach zwei Wochen sind über 60 % und nach sechs Wochen 90 % der Entzündungen abgeheilt, während mit H2-Blockern nur 40 % nach sechs Wochen geheilt werden. Auch die Rückfallquote ist bei den geheilten Patienten unter PPI-Behandlung den H2-Blockern deutlich überlegen (Rückfall ca. 10 % gegen 50 %, jeweils ein Jahr nach der Behandlung). Nach dem Schema der sogenannten „Step-down"-Therapie wird noch weitere zwei bis drei Monate mit halber Dosis behandelt. Treten dann noch Symptome auf, ist eine Endoskopie zur Klärung des Zustands des Epithels erforderlich. Bei 50–80 % der Patienten ist eine Langzeittherapie erforderlich, die ein Wiedereinsetzen der Symptome (Sodbrennen) verhindert und die Epithelveränderungen stoppt. Dennoch müssen engmaschige Kontrolluntersuchungen erfolgen, besonders dann, wenn aus den entnommenen Gewebeproben hervorgeht, dass eine Krebsvorstufe vorliegt. Dies gilt besonders für den sogenannten Barrett-Ösophagus (narbiges Ausheilungsstadium der Refluxösophagitis), der durch langjährigen Reflux von galligsaurem Mageninhalt entstehen kann und ein Vorstadium von Speiseröhrenkrebs darstellt.

Mit Protonenpumpenhemmern können die unterschiedlichsten Grade der Refluxkrankheit erstmals beherrscht werden. Getreu nach dem Diktum von Karl Schwarz, „ohne Säure kein Ulkus", wird die Refluxkrankheit ersatzweise mit effizienter Säureblockade behandelbar.

Wenn Protonenpumpenhemmer bei schwereren Refluxkrankheiten versagen: Gibt es Weiterentwicklungen, insbesondere neue Medikamente?

Nicht alle Patienten profitieren von der Behandlung der Refluxkrankheit mit Protonenpumpeninhibitoren (PPIs). Trotz Dauerbehandlung verspüren ungefähr 10-15 % der Reflux-Patienten weiterhin starke Schmerzen, die vor allem nachts auftreten. Der Grund dafür wird darin gesehen, dass trotz der täglichen Gabe von 40 mg Pantoprazol die nächtlichen Schübe erneuter Sekretion von Magensäure (sogenannte Säureausbrüche) nicht verhindert werden können. Durch die sehr kurze Verweildauer von Pantoprazol im Blut steht es zum nächtlichen Zeitpunkt nicht mehr zur Verfügung. Bereits eineinhalb Stunden nach Gabe ist nur noch die Hälfte der Dosis der PPIs vorhanden. Auch eine zusätzliche zweite Gabe vor dem Zubettgehen führt nicht zu einer Verbesserung.

Diesen – zum Glück wenigen – Patienten kann durch eine Antirefluxchirurgie geholfen werden. Dabei kommen neuerdings minimalinvasive Optionen („Schlüsselloch-Chirurgie" durch die Bauchdecke) wie zum Beispiel das Anlegen von Elektroden von außen an den Ösophagussphinkter zum erfolgreichen Einsatz. Der Muskel kann durch schwache elektrische Ströme beliebig stimuliert werden.

Ein neuer medikamentöser Weg für die effektive Hemmung der Magensäuresekretion auch bei Nacht wurde von der japanischen Firma Takeda erfolgreich beschritten. Das Medikament mit Namen Vonoprazan wurde bisher allerdings nur in Japan (2015) und wenigen asiatischen Ländern zugelassen und vermarktet. Aufgrund seiner bedeutend längeren Verfügbarkeit im Blut (fünf bis sieben Stunden gegenüber ein bis zwei Stunden bei PPIs) können die nächtlichen Säureausbrüche komplett geblockt werden. Die Blockade der Säureproduktion gelingt bei Vonoprazan auch durch die Blockade der Wasserstoff-Kalium-ATPase, (H^+, K^+)-ATPase, jedoch ist die Art und Weise, wie die Hemmung vor sich geht, komplett anders als bei den Protonenpumpenhemmern vom Prazol-Typ. Vonoprazan inaktiviert die Wasserstoff-Kalium-ATPase in den Belegzellen, indem es sich an die Bindungsstelle von Kaliumionen im Kalium-Kanal der Pumpe anheftet und ihn dadurch gewissermaßen für einige Zeit verstopft. Dann kann die (H^+, K^+)-ATPase nicht mehr pumpen. Da Vonoprazan lange im Blut kreist, kommt eine lange und starke Hemmung zustande. Vonoprazan ist der erste hoch wirksame „**Kalium-kompetitive Säureblocker**" (engl. Potassium Competitive Acid Blocker (PCAB))**.**

Kalium-kompetitive Säureblocker
(engl. Potassium Competitive Acid Blocker (P-CAB)) sind neuartige Säurehemmer, die ebenfalls die Wasserstoff-Kalium-ATPase, $(H+,K+)$-ATPase hemmen können. Die Hemmung erfolgt durch eine reversible Bindung des Medikaments an die Kalium-Bindungsstelle der Pumpe. Dadurch wird der Kalium-Kanal für eine gewisse Zeit verstopft und die Pumpe kann nicht mehr arbeiten. Diese Art der Hemmung wird als reversibel bezeichnet, denn wenn genügend Kalium in der Nähe ist, wird die Säurepumpe wieder normal weiterarbeiten können. Vonoprazan und Kaliumionen konkurrieren

gewissermaßen um die Bindungsstelle. Diese andersartige Wirkungsweise wird durch die Endung „prazan" statt „prazol" zum Ausdruck gebracht. Ein erster P-CAB, Soraprazan, wurde bei Byk Gulden Anfang der 2000er Jahre entwickelt, musste aber kurz vor seiner Zulassung zurückgezogen werden.

Für die Patienten ist die hohe Wirkstärke und die Dauer der Säurehemmung sowie die Verträglichkeit von Vonoprazan von besonderem Interesse. Es genügt allen drei Kriterien und kann deshalb erfolgreich für die Ausschaltung der nächtlichen Säureschübe verwendet werden. Das Wirkprofil von Vonoprazan unterscheidet sich in einer Reihe von Eigenschaften vorteilhaft von den Protonenpumpenhemmern: komplette Hemmung der Säuresekretion schon mit der ersten Gabe und komplette Rückkehr der Säuresekretion nach relativ kurzer Zeit. Auch bei der Behandlung gegen Helicobacter-pylori-Infektionen ist die schnell einsetzende starke Hemmung der Säuresekretion von Vorteil.

Helicobacter pylori: Ein Übeltäter im Magen, der auch Gutes bewirken kann

Napoleons grausamer Tod neu untersucht

Napoleon hatte vor seinem Lebensende drastisch abgenommen. Seine Hosen, wie man auch noch nach zweihundert Jahren feststellen konnte, waren ihm zu weit geworden. In seinen letzten Lebensmonaten auf der Insel Sankt Helena am 5. Mai 1821 hatte Napoleon wahrscheinlich zehn bis 15 Kilogramm an Körpergewicht verloren.

Bei seinem Leibarzt klagte er bereits ab Oktober 1815 über seine heftigen Bauchschmerzen, über Übelkeit und häufiges Erbrechen. Dazu kamen Kopfschmerzen, Durchfall und Verstopfung. Vermutlich war er mit dem Magenkeim **Helicobacter pylori** *infiziert, der ihm zunächst eine akute Gastritis bescherte. Im weiteren Verlauf seiner Erkrankung entwickelte sich ein Magengeschwür, das schließlich zu einem großen Tumor wuchs, der sich über den gesamten Magen erstreckte und sich bis in die umliegenden Lymphknoten ausdehnte.*

Das war die Situation, die sich seinem Leibarzt bei der Autopsie stellte. Alle Symptome passen zu einer Infektion durch Helicobacter pylori. Unmittelbare Todesursache Anfang Mai 1821 war wohl eine Blutung aus dem Krebsgeschwür. Lange war man davon ausgegangen, dass Napoleon an einer Vergiftung mit Arsen gestorben sei, doch konnte die in Haarresten des Kaisers festgestellte Menge des Giftes seinen Tod nicht überzeugend erklären.

Helicobacter pylori (H.p.)
ist ein gebogenes bis spiralförmiges (helikales, von Helix: „Spirale") Stäbchenbakterium, das hauptsächlich im Antrum in

der Nähe des Pylorus vorkommt und für eine Reihe von Magen-Darm-Erkrankungen verantwortlich ist.

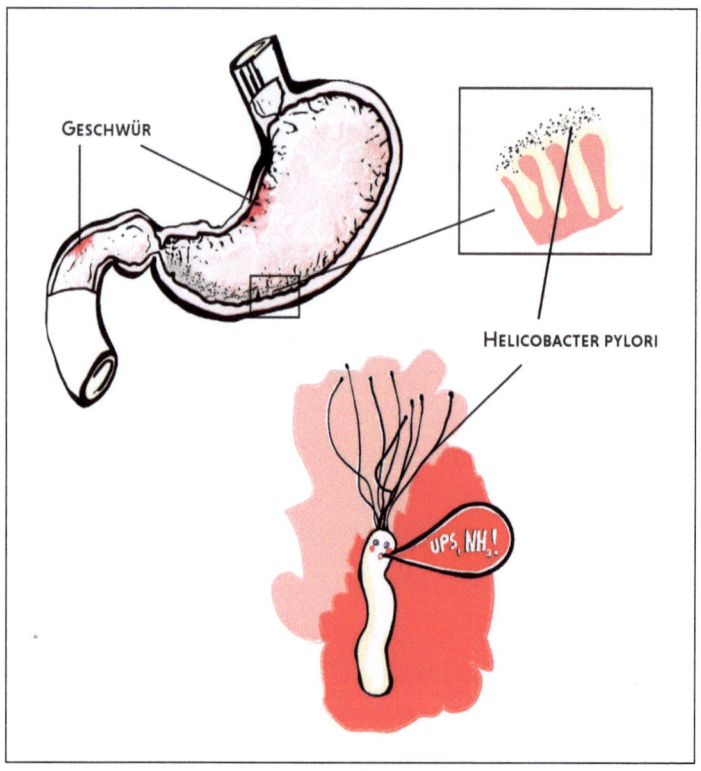

Abb. 22: Magen-Darm-Geschwüre (Ulzera) durch Helicobacter pylori (H.p.)-Besiedlung. Helicobacter pylori infiziert bevorzugt den unteren Magenbogen (Antrum). Mit seinem Enzym Urease kann der Keim aus Harnstoff (Urea) basisches Ammoniak bilden und Magensäure in seiner Umgebung neutralisieren. Eingehüllt in eine förmliche Wolke Ammoniak kann er so im und unter dem Magenschleim überleben. Die Freisetzung von Zytokinen führt zu Schädigungen der Schleimhaut und des Schleims. Durch Säure und fortschreitende Entzündungen können blutende Magen- und Darmulzera entstehen.

Akute und chronische Gastritis und mehr Übles

Mit dem heutigen Wissen muss niemand mehr wie Napoleon durch eine Helicobacter-pylori-Infektion sterben. Die Erkrankungen werden vom stäbchenförmigen Magenbakterium Helicobacter pylori hervorgerufen und reichen von Magenschleimhautentzündungen, Magen- und Zwölffingerdarmgeschwüren über Magendurchbrüche bis hin zu Magenkrebs. Man kennt vor allem die Mittel und Wege, wie sie erfolgreich therapiert werden können. Ohne diese Kenntnis hatte man bis in die frühen 1980er Jahre Magen- und Zwölffingerdarmgeschwüre geradezu dogmatisch mit Stress, Rauchen und ungesunder Lebensführung in Zusammenhang gebracht. Therapievorschläge orientierten sich an der Auffassung, dass Magen- und Darmgeschwüre überwiegend psychosomatische Erkrankungen seien. Man sprach von einem „Magentyp": Dünne, nervöse Männer, denen ihr Ehrgeiz oder der Ärger Löcher in ihre Magenwand brannten.

In den Industrienationen wurden in früheren Jahren Magenschleimhautentzündungen und Magengeschwüre als großes medizinisches Problem erkannt, besonders weil mit ihnen das Krebsrisiko erheblich erhöht wird (1 % der Patienten). Man setzte große Hoffnungen auf die H2-Blocker, mit denen man erstmals die Symptome schnell beherrschen konnte, doch es blieb meist beim kurzzeitigen Erfolg, denn 80 % der Patienten erlitten innerhalb eines Jahres einen Rückfall der Krankheit (Rezidiv). Um Rückfälle zu verhindern, wurde den Patienten eine Dauertherapie mit niedrigerer Dosierung, zum Beispiel mit Cimetidin, verordnet, wodurch die Rückfallrate auf 15 % sank. Setzte man die Dauertherapie ab, traten bei 80 % der Patienten wieder Rückfälle auf. Das British Medical Journal formulierte die logische Konsequenz daraus: „Cimetidine for ever and ever and ever..." Eine komfortable Situation für die Hersteller von H2-Blockern, die ihnen hohe Einnahmen garantierte. Die Ärzte sahen ihre Patienten auch gerne wieder, denn sie konnten sie leicht zufriedenstellen. Am Ende waren jedoch oft Operationen notwendig. Neben den bereits erwähnten Krankheiten ist das Magenbakterium auch für gefährliches Magenbluten und Durchbrüche in der Magenwand verantwortlich.

Heute weiß man, dass Patienten mit einem Zwölffingerdarmgeschwür zu 95 % mit Helicobacter pylori infiziert sind. Bei Patienten mit Schleimhautentzündungen (Gastritis) liegt die Infektionsrate zwischen 80 und 90 %. Bei den restlichen 10–20 % sind Autoimmunkrankheiten (Gastritis A) oder Entzündungen, hervorgerufen durch Medikamente wie Aspirin (Gastritis C), die Auslöser. Man schätzt, dass 50 % der Weltbevölkerung mit Helicobacter pylori infiziert ist. Zum Glück entwickeln nur etwa 10–15 % von ihnen Symptome.

Helicobacter pylori: Vergesslichkeit an Ostern 1982 mit Folgen

Helicobacter pylori ist ein sehr langsam wachsendes Bakterium. Aber die sechs Tage lange Osterpause 1982 hatte gereicht, dass das vergessene, kleine Glasschälchen (Petrischale) Nummer 31 mit isolierten Bakterien von einem Patienten mit chronischer Gastritis länger als üblich im Brutschrank stehen blieb. So hatten die Bakterien genügend Zeit, sich stark zu vermehren. Die Forscher, die sich um die Anzucht bemühten, waren der Medizinprofessor Robin Warren vom Royal Perth Hospital, Australien, und der 14 Jahre jüngere angehende Mikrobiologe Barry Marshall, der für seinen Studienabschluss als Fellow eine interessante Abschlussarbeit gesucht hatte. Warren hatte schon 1979 ungewöhnliche kleine Bakterien in Biopsien aus dem unteren Bereich des Magens (Antrum) von Patienten mit chronischer Gastritis gefunden, und begonnen, systematische Untersuchungen bei vielen dieser Patienten anzustellen. In Publikationen seiner

Ergebnisse stellte er die ungewöhnliche Hypothese auf, dass diese kleinen Keime Gastritis auslösen könnten.

In ungefähr der Hälfte aller Magenschleimhaut-Proben von Patienten mit chronischer Gastritis war er fündig geworden. Seine gewagte Hypothese faszinierte den jungen Barry Marshall, obwohl die Fachwelt Warrens Hypothese komplett ablehnte, da sich niemand vorstellen konnte, dass in einer derart aggressiven Umgebung jemals ein Bakterium überleben konnte. Als Marshall 1981 die Arbeit aufnahm, konzentrierten sich beide auf die Anzucht des Keims in einer Vielfalt von Kulturmedien. Die glückliche Züchtung der Bakterien nach den Osterferien war der Beginn ihrer eigentlichen Arbeit. Sie mussten klären, ob diese seltsamen Keime etwas mit den chronischen Gastritiden der Patienten zu tun hatten. Der Beweis für die kühne Bakterienhypothese musste erbracht werden.

Die Koch'schen Postulate
beschreiben die Experimente mit Parasiten, um sie als Krankheitserreger zu identifizieren.
- Der mutmaßliche Krankheitserreger muss immer mit der Krankheit verbunden sein.
- Er muss in Reinkultur züchtbar sein.
- Er muss die Krankheit auslösen können.
- Der Parasit kann von dem im Versuch Erkrankten erneut isoliert werden.

Die Forscher hatten die ersten beiden **Koch'schen Postulate** erfüllt. Aber wie stand es mit dem entscheidenden dritten? Wie konnte man eine Gastritis auslösen? Üblicherweise werden dazu Versuche mit Tieren durchgeführt. Dies misslang jedoch, was im Nachhinein nicht verwunderlich ist, denn jede Tierart hat ihre eigenen spezifischen Magenkeime, die sich von den menschlichen Magenkeimen unterscheiden. Katzen besitzen zum Beispiel sogenannte Helicobacter-felis-Keime (von lat. felis für Katze). Es stand die Frage im Raum, wer sich eine Gastritis, die eventuell lebenslang anhielt und die am Ende mit einem Magentumor enden konnte, freiwillig zufügen lassen wollte? Für den jungen Barry Marshall war es keine Frage, dass er diesen mutigen Schritt machen würde. In einem Selbstversuch schluckte er eine größere Menge gezüchteter Bakterien, die ihm nach einigen Tagen eine akute Gastritis mit Übelkeit und Magenkrämpfen bescherten. Erst fünf Jahre später wurde er die Bakterien durch eine Behandlung mit Wismut-Präparaten und Antibiotika wieder los.

Auch nach diesem gelungenen Selbstversuch konnten die australischen Forscher die gastroenterologische Fachwelt nicht überzeugen. Sie mussten erfahren, dass der Fortschritt in der Medizin der Geschwindigkeit einer Schnecke gleicht. Ihnen wurde die verbreitete Ansicht, dass Bakterien niemals in einer derart sauren Umgebung wie im Magen überleben konnten, vorgehalten. Diese Ansicht war wie ein festgefahrenes Dogma, das bei den Gastroenterologen nicht zu erschüttern war. Erst viel später, als dieses Dogma gefallen war, sah sich ein angesehener Pathologe an einem ebenso angesehenen pathologischen Institut in Deutschland genötigt, sich bei seinem Kollegen für seine Fehleinschätzung in den 1970er Jahren zu entschuldigen. Aber erst nachdem ihm dieser Bilder von elektronenmikroskopischen Untersuchungen aus Biopsiematerial von Mägen gezeigt hatte, das eindeutig von Bakterien stammte. Wörtlich schrieb er, was den Forschern mit den Bakterienbefunden damals vorgehalten wurde: „Wahrscheinlich sind dies mit der Nahrung aufgenommene und noch nicht von Magensäure destruierte Bakterien." Sein Brief endet mit „Was wäre wohl gewesen, wenn ..." Ja, was wäre wohl gewesen, wenn die Fachwelt schon damals die neuen Befunde akzeptiert hätte? Viele Magenoperationen wären wohl unnötig geworden.

Bis sich Warrens und Marshalls Ansicht durchsetzte, hatten beide viel Überzeugungsarbeit zu leisten. Vor allem hatten sie eine wissenschaftliche Erklärung zu liefern, mit der sie belegen konnten, dass Helicobacter pylori im extrem sauren Milieu des Magens (pH 1,5 bis 4) überhaupt überleben konnte und wie es zu den Schäden im Magen und vor allem im Zwölffingerdarm kommt, obwohl der Keim den Letzteren überhaupt nicht besiedelt. Nach hartnäckiger Arbeit konnten beide 1984 in der Zeitschrift Lancet die wissenschaftlichen Belege für ihre Hypothese in einer epochalen Publikation liefern. Danach begann eine weltweite Suche nach den geeignetsten Antibiotika für die Behandlung der Infektionen und der damit verbundenen Krankheiten. Im Herbst 2005 wurden Warren und Marshall für ihre Entdeckung und Erforschung von Helicobacter pylori mit dem Nobelpreis in Medizin und Physiologie ausgezeichnet.

Diagnose und Behandlung: Ausrottung (Eradikation) von Helicobacter pylori

Zum Nachweis einer Infektion und für die Therapiekontrolle stehen heute mehrere spezifische Verfahren zur Verfügung. Hier sei nur der ^{13}C-Atemtest erwähnt, der auf der Spaltung von ^{13}C-markiertem Harnstoff in Ammoniak und $^{13}CO_2$ durch die Helicobacter-pylori-Urease beruht. In der Atemluft einer Testperson wird das markierte CO_2 gemessen, das auf die Anwesenheit des Keims schließen lässt.

Ganz unterschiedliche Therapien mit Antibiotika wurden in den frühen 1990er Jahren weltweit erforscht. Am Anfang erinnerte man sich an die bakterizide Wirkung von Wismut-Verbindungen, die schon in früheren „Rollkuren" zur Anwendung kamen. Doch bald wurden alle verfügbaren Antibiotika auf ihre bakterizide Wirkung gegen den Magenkeim getestet. Man fand heraus, dass sich der kleine Teufel durch eine moderne Therapie mit der Gabe von zwei Antibiotika und einem Protonenpumpenhemmer (Tripeltherapie genannt) in der Regel austreiben lässt. Doch für eine erfolgreiche Therapie sollte er nicht nur ausgetrieben, sondern vollständig ausgerottet werden. Die Fachleute sprechen von der Notwendigkeit einer **Eradikation**. Wenn eine Eradikation nicht auf Anhieb gelingt, liegt es meist daran, dass eine Resistenz auf die eingesetzten Antibiotika beim Patienten vorliegt. Die Therapie muss mit einer anderen Antibiotika-Kombination wiederholt werden.

Eradikation
Man versteht darunter die vollständige Ausrottung eines Keims. Da schon kleinste Mengen überlebender Keime, die direkt nicht mehr nachweisbar sind, genügen, um eine weitere Vermehrung zu beginnen, sind häufige Nachkontrollen notwendig. Sind auch vier Wochen nach Behandlung keine Helicobacter-pylori-Keime mehr nachweisbar, kann man von einer Eradikation sprechen.

Die populärsten Therapieschemata sind die sogenannte Französische Tripeltherapie und ihre italienische Variante. In beiden werden ein Protonenpumpenhemmer und das Antibiotikum Clarithromycin eingenommen. Bei der Französischen Tripeltherapie wird Amoxicillin statt Metronidazol als zweites Antibiotikum eingesetzt. Die jeweils drei Medikamente müssen zweimal am Tag über eine Woche eingenommen werden. Mit diesen 42 Tabletten wird der Patient in den allermeisten Fällen den ungebetenen Gast los. Unter der Therapie kommt es zur schnellen Schmerzbefreiung und zur Abheilung der Geschwüre. Weiterhin gehören nun die früher unvermeidbaren Rückfälle (Rezidive) der Vergangenheit an. Aus einer chronischen Krankheit wurde eine dauerhaft heilbare.

Welche Rolle spielt dabei der Protonenpumpenhemmer? Durch starke Säurehemmung werden die Bakterien aus ihrem Versteck im und unter dem Schleim hervorgelockt. Unter fast neutralen Bedingungen vermehren sie sich auch schneller. Das ist die Gelegenheit für die Antibiotika, sie zu erledigen, denn die Antibiotika wirken besonders gut, wenn der Keim wächst. Außerdem sind die meisten Antibiotika gegen Säure unbeständig. Sie brauchen eine starke Säurehemmung zum Überleben in der sauren Magenhöhle.

Ein kleiner Abstecher in die Welt von Helicobacter pylori

Überleben in der sauren „Höhle" Magen

Helicobacter pylori ist ein gekrümmtes Stäbchenbakterium mit einer Länge von ungefähr 0,003 Millimetern, das als vermutlich einziges Bakterium die saure Umgebung im Magen dauerhaft überstehen kann. Dazu verhilft ihm ein besonderes Enzym, Urease genannt, das dem Keim diese einzigartige ökologische Nische sichert. Dieses Enzym kann Harnstoff (Urea) in Kohlendioxid und Ammoniak spalten. Die Ammoniakmenge ist derart groß, dass Helicobacter pylori gewissermaßen von einer „Ammoniak-Wolke" eingehüllt ist, die ihm eine unmittelbare Umgebung ohne Säure bietet. Auch unter und im Magenschleim lässt es sich für ihn gut leben, denn dort herrschen durch die Bikarbonat-Sekretion basische Verhältnisse. Zudem kann sich Helicobacter pylori mit seinen drei bis fünf Geißeln durch den zähen Magenschleim propellerartig Richtung Magenwand bewegen und sich damit dem sauren Milieu entziehen. Dort kann der Keim sich an Glykoproteine der Zellmembran andocken und vermehren. Wie schädigt der ungebetene Gast Helicobacter pylori den Magen? Seine Virulenzfaktoren lösen im Antrum eine chronisch aktive Gastritis aus: So steigt der Gastrinspiegel an und infolgedessen wird vermehrt Magensäure ausgeschüttet. Andauernd erhöhte Säuresekretion führt zu einer Überlastung der Pufferkapazität im Zwölffingerdarm, die zu seiner Entzündung und schließlich zu einem Ulkus führt. Weiterhin werden eine ganze Reihe unheilvoller Entzündungsstoffe – Zytokine und Toxine – ausgeschieden, was zur Entwicklung einer chronisch atrophischen Gastritis im Antrum und im Korpus führt. Die Schäden im Magen (Ulkus ventriculi) können bis zu einem blutenden Magendurchbruch reichen. Der Selbstschutz des Magens gegen den Eindringling wird umgangen, da in der einzigartigen Nische unter dem Schleim kein Immunschutz gelingt. So schafft sich das Bakterium eine Nische, in der es über Jahre unbehelligt überleben kann. Die hermetische Unzugänglichkeit seiner Nische verhinderte bisher seine Bekämpfung mit Impfstoffen.

Ansteckungswege und Voraussetzungen für die Besiedlung

Oft erfolgt eine Infektion mit Helicobacter pylori in der Kindheit durch engen Kontakt zwischen den Familienmitgliedern. Weitere Übertragungswege verlaufen über unreines Wasser. In den Entwicklungsländern ist die Infektionsrate daher sehr hoch. Etwa die Hälfte der Weltbevölkerung ist mit dem Bakterium infiziert. Jeder zweite Deutsche ist Keimträger, ohne die ungebetenen Mitbewohner des Magens zu spüren. Es gibt mehr als 350 Helicobacter-pylori-Stämme, die sich seit etwa 60.000 Jahren in den Mägen der Menschheit eingenistet haben. Anhand von DNA-Analysen konnte man indirekt aus Studien zur geographischen Verteilung der Helicobacter-pylori-Stämme auf Wanderbewegungen der früheren Menschheit schließen.

Oft verlaufen die Infektionen jahrzehntelang ohne Beschwerden. Zum Glück entwickeln nur etwa 10–15 % der Infizierten irgendwann in ihrem Leben Symptome. Welche Menschen Magen-Darm-Probleme bekommen, hängt von mindestens zwei Faktoren ab: Zum einen vom Bakterienstamm, welcher sich im Magen einnistet (CagA mit starker Immunreaktion oder VacA mit starker Wirkung auf die Magenzellen), zum anderen von der genetischen Veranlagung des Infizierten.

Soll Helicobacter pylori in jedem Fall ausgerottet (eradiziert) werden? Hat eine Besiedlung auch ihre guten Seiten?

In Patienten mit Magen- und Zwölffingerdarmgeschwüren muss das Bakterium nach ärztlichen Richtlinien unbedingt eradiziert werden, um Folgeerkrankungen, wie die spätere Entwicklung von Magentumoren, zu vermeiden. Dies gilt besonders für Risikopatienten, die über 60 Jahre alt sind und eine Ulkus-Vorgeschichte haben. Dasselbe gilt für Patienten, die dauerhaft Acetylsalicylsäure (Aspirin) für die Infarktprophylaxe einnehmen müssen. Eine Aufzählung von Indikationsstellungen für die Eradikation von Helicobacter pylori findet sich in den ausführlichen Maastricht-Leitlinien der „European Helicobacter pylori Study Group". Darin werden die Risikogruppen, die sich einer „Eradikationstherapie" unterziehen sollten, definiert, zum Beispiel Menschen mit positiver Familienanamnese eines Magenkarzinoms.

Eine Helicobacter-pylori-Besiedlung hat auch ihre guten Seiten: So werden durch Helicobacter pylori regulatorische T-Zellen produziert, die das menschliche Immunsystem anregen und dadurch die Immunabwehr stärken. Außerdem wurde beobachtet, dass nach einer Eradikation von Helicobacter pylori 15 % der Refluxpatienten häufiger an nächtlichen Refluxbeschwerden leiden. Dies kann durch die fehlende Ammoniakwolke des Keims erklärt werden, die eine ganze Menge der aggressiven Magensäure neutralisiert und so die nächtlichen Symptome des gastroösophagealen Reflux mildert. Die Probleme verlagern sich sozusagen von unten (Darm und Magen) nach oben (Speiseröhre).

Die Behandlung von akuten Magenblutungen

Rettung in Hongkong

Ihr Magen machte Frau Li schon lange Probleme. Dass sie immer wieder einen schwarzen Stuhl hatte, konnte sie zu Hause in ihrer engen Wohnung im Stadtteil Kowloon, Hongkong, nicht wahrnehmen. Ihre Wohnung im ersten Stock, die sie mit ihrem Mann alleine bewohnte, hatte eine kleine Toilette mit einer Tiefspülschüssel. Hin und wieder kam es vor, dass sie sich erbrechen musste. Aber nie hat sie bemerkt, dass manchmal im Erbrochenen einige schwarze Klumpen dabei waren, die von angedautem Blut herrühren konnten.

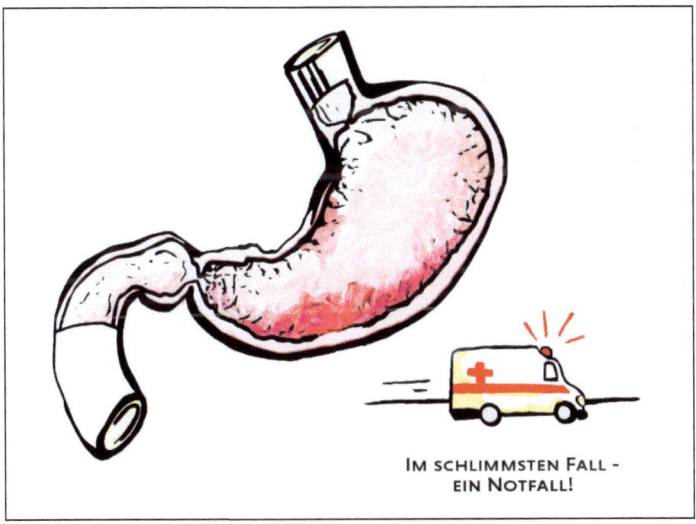

Abb. 23: Magenbluten. Wenn aggressive Magensäure ungehindert auf ungeschützte Magenschleimhaut einwirkt. Im schlimmsten Fall ein Notfall, der umgehend behandelt werden muss.

An solchen Tagen fühlte sie sich besonders schwach. Sobald sie wieder auf den Beinen sein konnte, suchte sie ihren Hausarzt Dr. Wang auf. Er war ein sehr fürsorglicher Arzt mit kleinem Bauchansatz und einem gütigen Lächeln. Dr. Wang hörte seiner Patientin genau zu und ermunterte sie, über ihre Krankheit zu reden und ihm ihre akuten Schmerzen genau zu beschreiben. Er versuchte immer, eine ganzheitliche Sicht von seinen Patienten zu bekommen. Bei Frau Li war ihm schon bald klargeworden, dass ihre Lebensumstände ihren Tribut forderten. Ihr zehn Jahre älterer Ehemann war vor kurzer Zeit in Pension gegangen und seine frühere Neigung zum Streiten hatte deutlich zugenommen. Frau Li musste das Tag für Tag ertragen. Nur sonntags ging er ab und zu aus dem Haus und traf sich mit alten Gesinnungsgenossen, den sogenannten Victoria Uncles, im Victoria Park, um gemeinsam mit ihnen gegen junge demokratische Idealisten zu wettern und sie niederzuschreien.

Nun war aber etwas eingetreten, was Frau Li zusätzlich „auf den Magen" schlug. Es waren Baupläne einer entschlossenen Investorengruppe aus Peking bekannt geworden, die ihr größte Sorgen machten. Die Festlandchinesen konnten sich seit 1997, als die ehemalige britische Kronkolonie Hongkong an China zurückgegeben worden war, alles erlauben, und das taten sie besonders im Bausektor. Das geplante Monsterprojekt in unmittelbarer Nähe zu ihrer Wohnung mit 35 Stockwerken würde ihrer Wohnung im kleinen Mehrfamilienhaus sämtliches direkte Sonnenlicht nehmen und ihre schöne Sicht auf den kleinen Park würde der Geschichte angehören. Früher oder später würden sie wegziehen müssen.

Eines Morgens musste sie dringend in das Queen Mary Hospital in der Pok Fu Lan Road hoch über dem Pazifik eingeliefert werden. Ihr Mann hatte die Notfallbereitschaft des Krankenhauses angerufen, nachdem sich seine Frau am Morgen heftig übergeben hatte und das Erbrochene von schwarzen Klumpen durchsetzt war. Seiner Frau war schwindlig geworden und sie war zu schwach zum Sprechen.

Jetzt hatte ihr Ehemann erstmals Angst um seine Frau. Am Abend zuvor hatte sie noch, wie so oft, über Schmerzen in der Ma-

gengegend geklagt. Außerdem plagte sie starkes Kopfweh, gegen das sie zwei Tabletten Aspirin einnahm.

Er benachrichtigte, ganz gegen seine Gewohnheit, seine Tochter, der er vom schwarzen Erbrochenen erzählte. Lina war sehr erschrocken über das, was sie erfuhr. Sie liebte ihre Mutter über alles und litt immer mit ihr, wenn sie Probleme hatte. Sie hatte ihr schon öfters geraten, einen erfahrenen Gastroenterologen aufzusuchen. Man hatte ihr Dr. Wú empfohlen.

Er führte eine erfolgreiche und stadtbekannte Praxis in der Pedder Street im Zentrum von Hongkong. Sie erfuhr von Dr. Wang, dem Hausarzt ihrer Mutter, dass Dr. Wú auch in Fachkreisen sehr geschätzt war, denn er hielt des Öfteren in seinem Kollegenkreis gut besuchte Fortbildungsveranstaltungen. Sein Spezialgebiet war die Notfallbehandlung schwerwiegender Magenerkrankungen, die oft mit Magenbluten einhergingen. Außerdem beteiligte er sich häufig an wissenschaftlichen, klinischen Studien zur Verbesserung der Behandlungsmethoden. Er operierte mehrmals wöchentlich Notfälle, die im Queen Mary Hospital ankamen.

Dr. Wú ließ sich vom Notfalldienst über den akuten Gesundheitszustand seiner Patientin informieren. Ihr niedriger Blutdruck und ihr hoher Puls sprachen eine deutliche Sprache: Seine Patientin musste sehr viel Blut verloren haben. Höchste Eile war geboten. Er orderte gleich ein paar Blutkonserven auf Vorrat und wollte umgehend mit der endoskopischen Behandlung (Magenspiegelung, Gastroskopie) beginnen, um sich ein genaues Bild zu machen.

Auf dem Operationstisch bekam Frau Li einen Spray zur Verhinderung des Würgereizes in ihren Rachen gesprüht. Dann führte Dr. Wú den Magenschlauch durch den Mund seiner Patientin in ihren Magen ein. Zunächst sah er durch die Kamera an der Spitze des Gastroskops überall Blut und nichts von der Magenwand. Mit einer Wasserspülung durch den Schlauch verschaffte er sich eine Sichtverbesserung und konnte so nach und nach die tiefen Ulkuskrater sehen, aus denen immer noch Blut tröpfelte. Es waren eine Handvoll großer (1–1,5 cm) Krater zu sehen. Sie waren für den enormen Blutverlust verantwortlich. Anhand von Gewebeproben, die er mit dem Gastroskop entnahm, musste geklärt werden, ob ein Karzinom vorlag. Es war weiterhin höchste Eile geboten.

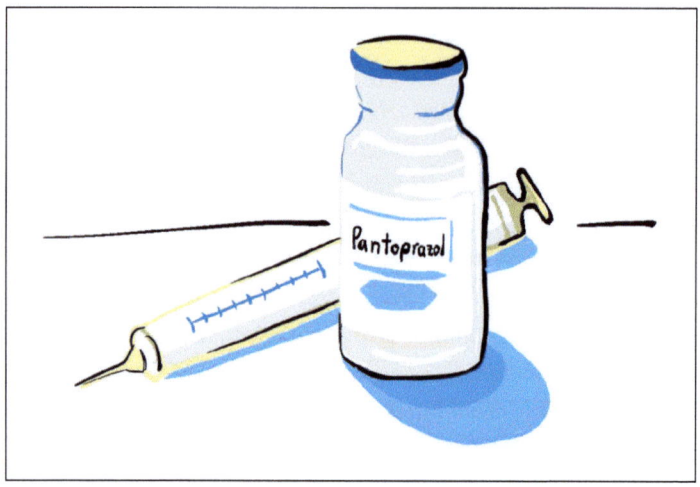

Abb. 24: Pantoprazol-Durchstechfläschchen. Es enthält gefriergetrocknetes Pantoprazol-Natrium für die Herstellung einer fertigen Injektionslösung im Fläschchen.

Die nächsten Schritte waren die Anbringung von sogenannten Hemoclips (Klammern für den Wundverschluss) in der Magenwand. Für die komplette Ausschaltung der Magensäuresekretion verwendete er seit Jahren Pantoprazol in Durchstichfläschchen (Vials). Hierbei handelt es sich um gefriergetrocknetes Pantoprazol, das sich schnell auflöst und in eine Spritze aufgezogen werden kann.

Er kannte und verwendete Pantoprazol schon seit langem, da es keine metabolischen Interaktionen mit Komedikamenten zeigt. Es musste ja immer schnell gehen, und die Patienten waren ihm meist nicht persönlich bekannt. Ihre Krankengeschichte war öfters lückenhaft, und er war sich nie sicher, welche Medikamente seine zugewiesenen Patienten noch einnahmen. Von Omeprazol wusste er z. B., dass es zu gefährlichen metabolischen Interaktionen mit dem Blutverdünner Plavix kommen konnte.

Metabolische Interaktionen mit dem Blutverdünner Clopidogrel (Plavix)

Clopidogrel ist ein Blutverdünner, der für seine Wirkungsentfaltung zuerst im Körper aktiviert werden muss (Prodrug). Dafür benötigt er das Leberenzym CYP2C19. Dieses wird von Omeprazol gehemmt, so dass Clopidogrel seine blutverdünnende Wirkung nicht voll entfalten kann. Deshalb besteht seit 2009 ein strenges Anwendungsverbot für Omeprazol bei Patienten, die gleichzeitig Clopidogrel einnehmen müssen.

Dr. Wú ordnete eine 80-mg-Kurzinfusion Pantoprazol mittels des von der Notfallmannschaft gesetzten Katheters an. Das half für die nächsten Stunden. Vier Stunden später konnte er die Patientin dem Team der Intensivstation übergeben. Nach einer kurzen Zeit für die allgemeine Verwaltung und Festlegung des weiteren Therapieplans mit dem verantwortlichen Leiter der gastroenterologischen Abteilung fuhr Dr. Wú sofort in seine Praxis zurück. Seine Patienten warteten dort auf ihn.

Das Team in der Intensivstation hatte jetzt für die Kontrolle der Magensäuresekretion von Frau Li zu sorgen. Es war die entscheidende Phase für das Überleben der Patientin.

*Ein **Wiedereinsetzen von Magenbluten** musste unter allen Umständen vermieden werden. Die Entwicklung eines gesunden und dichten Wundschorfs war entscheidend. Dieser durfte nicht durch Magensäure verletzt oder angedaut werden. Die komplette Säuresekretion musste ausgeschaltet werden. Ein Magen-pH-Wert von mindestens sechs war unbedingt über drei Tage zu gewährleisten. Dazu musste die Säuresekretion um 99,999 % gehemmt werden. Es durfte keine Ausreißer geben, sonst wäre der Wundschorf dahin. 20 % der Patienten sterben dadurch; besonders ältere Menschen sind gefährdet.*

Verhinderung erneuten Magenblutens (rebleeding)

durch komplette Blockade der Säuresekretion. Die Magensäuresekretion muss über drei Tage komplett gehemmt werden. Initial wird dazu eine Kurzinfusion von 80 mg Pantoprazol und anschließend mittels einer Pumpe 8 mg Pantoprazol pro Stunde verabreicht (272 +192 +192 = 656 mg, was insgesamt 16 Tabletten und 5 bis 6 Tabletten pro Tag entspricht). Pantoprazol ist für Injektionen auch deswegen besonders gut geeignet, weil es zu den geringsten lokalen Unverträglichkeiten an der Einstichstelle kommt. Es benötigt für seine Stabilität den niedrigsten alkalischen pH-Wert.

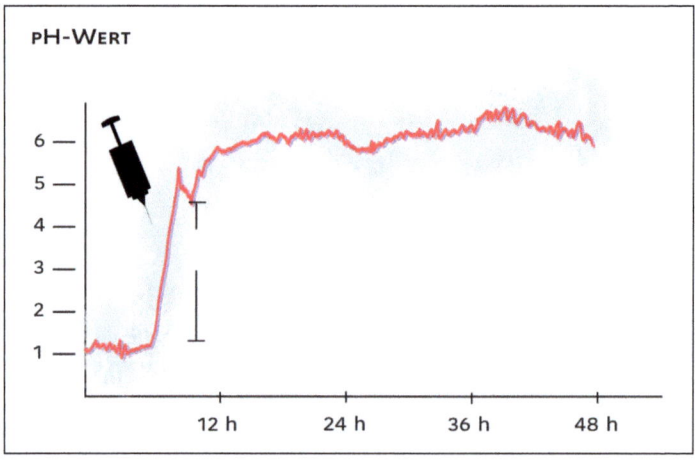

Abb. 25: Magen-pH-Werte von behandelten Patienten bei der Verhinderung von wiederholten Magenblutungen (rebleeding). Durch einmalige Injektion von 80 mg Pantoprazol und anschließender Dauerinfusion mit 8 mg/Stunde Pantoprazol-Lösung über 48 Stunden kann der Magen-pH dauernd auf pH 6 gehalten werden.

Dr. Wú ließ sich täglich ausführlich über den Zustand und das Befinden seiner Patientin informieren. Die Meldungen klangen verheißungsvoll. Als er die noch sehr geschwächte Patientin am dritten Tag persönlich aufsuchte, konnte ihm Frau Li mit leiser Stimme danken. Frau Li war gerettet, und er eröffnete ihr, dass sie vermutlich in ein bis zwei Wochen das Krankenhaus verlassen könne. Ihr Hausarzt, Dr. Wang, würde sich dann um sie kümmern und ihr Pantoprazol für einige Wochen verordnen.

Notfallbehandlung der akuten Magenblutung

Akutes starkes Magenbluten, wie bei Frau Li, stellt eine lebensbedrohende Situation dar, die umgehend einer Behandlung bedarf. Durch den großen Blutverlust kann es zu einem Kreislaufschock kommen. Die Blutungen können sich aus einem Geschwür im Magen entwickeln, wenn andauernde Reize die protektiven Faktoren im Magen übersteigen. Die Blutungen lassen sich gastroskopisch behandeln. Sie benötigen nicht mehr die früher obligate Operation mit Eröffnung des Bauchraums und sie bergen deswegen bedeutend weniger Risiken für den Patienten.

Die Erstversorgung kann mit blutstillenden Medikamenten, die über den Magenschlauch eingebracht werden, erfolgen. Ein Wundverschluss kann auch mit sogenannten Hemoclips durchgeführt werden. Nach erfolgter Erstversorgung steht die vollständige Unterdrückung der Magensäuresekretion über einige Tage hinweg im Zentrum der Behandlung. Hierzu eignet sich Pantoprazol besonders, da es keinerlei metabolische Interaktionen mit Komedikation, auch bei den benötigten hohen Dosierungen, zeigt. pH-Werte von sechs, das heißt nahezu neutral, werden über einen längeren Zeitraum durch eine Kurzinfusion von 80 mg Pantoprazol und anschließender Dauerinfusion von 8 mg pro Stunde zuverlässig erreicht. Unter diesen Bedingungen kommt es zu einem stabilen Schorf, der die Wunde verschließt und zur endgültigen Heilung der Wunde entscheidend beiträgt.

Schwächeres Magenbluten kommt meistens von selbst zum Stillstand. Die Blutmenge ist so gering, dass sie mit bloßem Auge im Stuhl nicht erkennbar ist. Dennoch ist auch hier eine Magenspiegelung angebracht, um die Gründe des Blutens festzustellen. In vielen Fällen ist eine Infektion mit Helicobacter pylori ursächlich für eine Magenblutung. In diesem Fall ist eine Eradikation des Keims indiziert. Auf diese Weise werden das Magenbluten und die Infektion gleichzeitig behandelt.

Magenbluten kann auch durch die dauerhafte Einnahme von Nichtsteroidalen Antirheumatika (NSAR) wie z. B. Acetylsalicylsäure (ASS, Aspirin), Ibuprofen oder Diclofenac (Voltaren) sowie durch Alkohol- und Nikotinexzesse verursacht werden. So sollte immer die Bekämpfung der Ursachen im Vordergrund der Behandlung stehen. Eine Magenspiegelung bietet hierzu den besten Weg, die zugrundeliegenden Krankheiten zu erkennen und eine geeignete Behandlung einzuleiten.

Patienten, die am Zollinger-Ellison-Syndrom leiden

Magensäure „eimerweise". Ein Patient schreibt Arzneimittelgeschichte

Mit seinem vor wenigen Tagen eingewiesenen Patienten litt Dr. Pedderson förmlich mit. Der Patient war so alt wie er, Mitte 50, sah aber um Jahrzehnte älter aus. Sein Befinden war miserabel. Er hatte nicht beherrschbare heftige Magen- und Darmschmerzen, starkes Sodbrennen und saures Aufstoßen. Er litt besonders nachts im Liegen und musste sich häufig erbrechen, oft auch blutig. Er hatte in den letzten Wochen sehr stark abgenommen.

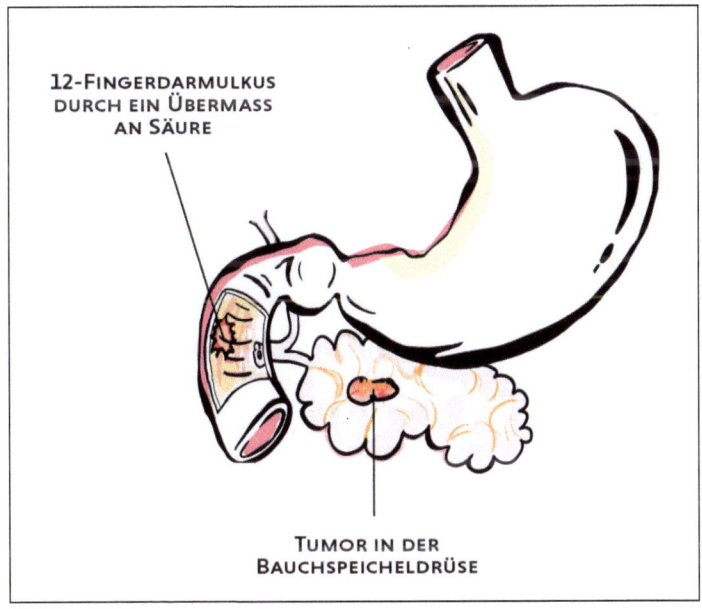

Abb. 26: Zollinger-Ellison-Syndrom.

Was war die Ursache für seine Krankheit? Aus den Laborwerten konnte Dr. Pedderson bald erkennen, dass der Patient am seltenen Zollinger-Ellison-Syndrom litt, denn seine Gastrinwerte im Blut waren abnorm hoch (> 1000 ng/l). Er wusste, dass dieser Krankheit ein Tumor, ein sogenanntes Gastrinom, zugrunde lag. Dieses konnte sich in der Bauchspeicheldrüse oder im Zwölffingerdarm befinden.

Zollinger-Ellison-Syndrom

ist eine Krankheit, die durch hohe Werte des Hormons Gastrin gekennzeichnet ist. Gastrin führt in der Folge zu einer Überproduktion von Magensäure, die bis zum Zehnfachen der normalen Säureproduktion führen kann.

Es war für den Patienten ein glücklicher Zufall, dass er nicht operiert werden musste, denn Dr. Pedderson, der in einer auf Gastroenterologie spezialisierten Klinik in Kopenhagen arbeitete, hatte auf Umwegen über einen Freund erfahren, dass in Göteborg eine neuartige Medikation zur Ulkus-Behandlung an Probanden hervorragende Ergebnisse erzielt hatte. Davor waren alle Versuche gescheitert, das Problem der übermäßigen Säureproduktion mit den üblichen H2-Säureblockern medikamentös zu lösen. Auch in den höchsten Dosierungen gelang es nicht, die Magensäureproduktion auf ein erträgliches Maß zu drosseln. Diese Medikamente waren einfach nicht potent genug.

Dr. Peddersons Freund hatte gute Beziehungen zur schwedischen Firma Hässle in Göteborg. Sie hatten ihm von einem neuartigen und sehr potenten Magensäurehemmer erzählt, der gerade in der Entwicklung sei. Die Schweden waren davon überzeugt, dass sie etwas ganz Besonderes in Händen hielten. Es bestand darin, dass sie eine neuartig wirkende Substanz entwickelt hatten, die in Tierversuchen überragend die Säure hemmen konnte und erstaunlicherweise auf alle Stimulanzien der Magensäure glei-

chermaßen potent reagierte. *Pedderson war insbesondere davon beeindruckt, dass auch mit Gastrin stimulierte Magensäure gehemmt werden konnte. Die Substanz, die eingesetzt wurde, war ein Vorläufer des späteren Omeprazol. Die Firma Hässle leistete hier eine hervorragende Pionierforschung.*

Dr. Pedderson wandte sich an das Management von Hässle mit der Bitte, diese neue Forschungssubstanz für einen sehr leidenden Patienten einsetzen zu dürfen. Die Substanz befand sich damals noch in den ersten Erprobungsphasen am Menschen. Es war außergewöhnlich, dass in einer solchen frühen Phase eine Entwicklungssubstanz nach außen gegeben wurde und dann auch noch für die Behandlung eines Kranken. Hässles Forscher rieten dem Management, hier eine Ausnahme zu machen und der Bitte nachzukommen (Individueller Heilversuch, Compassionate Use Program).

Sie selbst waren überzeugt, dass die Behandlung erfolgreich sein würde. Sie waren durch ihre Erkenntnisse aus Tierversuchen zu der Überzeugung gelangt, dass mit der neuen Forschungssubstanz ein ganz neuer Mechanismus der Säurehemmung gefunden worden war. Damit würden sich ganz neue Behandlungsmethoden eröffnen. In allen Tiermodellen – in Mäusen, Ratten und Hunden – konnte man die Sekretion der Magensäure unterbinden, unabhängig davon, auf welche Art die Sekretion in den Tieren angeregt wurde. Aber wie würde eine derart gewaltige Säuresekretion in Menschen, wie sie bei Dr. Peddersons Patienten vorlag, zu stoppen sein? Und mit welcher Dosis konnte das gelingen? Sie sahen für sich in der geplanten Anwendung eine Art Lackmustest für die neuartige Substanz, den diese bestehen musste und auch bestehen würde.

Lackmustest

In der Chemie ist der einfache Lackmustest mit einem Lackmuspapier gebräuchlich. Er liefert anhand von Verfärbungen des Papiers den ungefähren pH-Wert einer Lösung. Im übertragenem Sinn meint man damit eine Entscheidung von großer Bedeutung, eine Art Prüfstein.

Und so kam es auch: Schon nach wenigen Tagen unter einer Dosis von 60 mg der Hässle-Substanz war der Patient beschwerdefrei. Was für ein neues Lebensgefühl für ihn! Und das durch Einnahme einer kleinen Kapsel ganz ohne Operation.

Die medizinische Sensation war perfekt!

Die exorbitant hohe, gefährliche Säuresekretion war beherrschbar geworden. Bald konnte der Patient das Krankenhaus verlassen und wenig später wieder seinem Beruf als Lehrer an einer Schule für Menschen mit Behinderung nachgehen. Dr. Pedderson verfolgte den Behandlungsverlauf seines Patienten sehr aufmerksam weiter. Regelmäßig bestellte er ihn zur Kontrolle ein. Er war sich bewusst, dass er der erste Arzt war, der das Zollinger-Ellison-Syndrom medikamentös durch die simple orale Einnahme von Tabletten unter Kontrolle gebracht hatte und halten konnte. Eine Heilung war erwartungsgemäß nicht zu erwarten, aber sein Patient konnte jetzt ein beschwerdefreies Leben führen. Er hatte Glück mit seiner Krankheit: Sein Gastrinom war gutartig und zeigte keine Metastasen.

Auch für Dr. Pedderson war sein Patient zu einem Glücksfall geworden: Nachdem er die erfolgreiche Behandlung publiziert hatte, war er bald zu einem der gefragtesten Vortragenden auf medizinischen Kongressen geworden. Sein Patient hatte Medizingeschichte geschrieben. (Abgewandelt nach Ivan Östholm, Drug Discovery – a Pharmacists Story 1995; 159-197).

Die Behandlung der Zollinger-Ellison-Syndrom-Patienten

Diese Krankheit hat ihren Namen nach den beiden amerikanischen Chirurgen Robert M. Zollinger und Edwin H. Ellison. Sie untersuchten mehr als tausend Patienten, denen ganz radikal Teile des Magens operativ entfernt werden mussten, und fanden hierbei die Ursache des Leidens. Die Patienten hatten Tumore in der Bauchspeicheldrüse und im oberen Dünndarm. Zollinger und Ellison postulierten, dass ein unbekanntes Hormon aus den Tumoren abgeschieden wird und dieses Hormon für die übermäßige Sekretion von Magensäure verantwortlich sei. Die Tumore wachsen sehr langsam. Dennoch sind sie bei mehr als 50 % der Patienten bösartig.

Heute weiß man, dass die Tumore (Gastrinome) das natürliche Hormon Gastrin in großen Mengen ausschütten. Gastrin ist ein Peptidhormon, das im Magen-Darm-Trakt vorkommt und als Gegenspieler der Magensäure agiert. Es wird normalerweise in den G-Zellen (Gastrinzellen) in der Magenwand und im Dünndarm gebildet und gelangt über die Blutbahn in die Belegzellen des Magens. Die natürliche Sekretion von Gastrin wird durch Dehnung des Magens (Essensaufnahme), Alkoholkonsum und Koffein angeregt. Ist der Mageninhalt genügend sauer, wird die Sekretion von Gastrin im gesunden Magen heruntergefahren bzw. ganz eingestellt.

Bei der heutigen Behandlung der Zollinger-Ellison-Syndrom-Patienten erhalten die Betroffenen zunächst Protonenpumpeninhibitoren in erhöhter Dosierung (40 mg Pantoprazol morgens und abends), um der bis zu zehnfach gesteigerten Magensäureproduktion Herr zu werden. Im nächsten Schritt werden die Tumore meist operativ entfernt. Haben sich bei den Betroffenen schon Metastasen gebildet, muss eine Chemotherapie durchgeführt werden.

So lebensnotwendig Protonenpumpeninhibitoren für Zollinger-Ellison-Syndrom-Patienten sind, so wenig benötigen Gesunde PPIs. Dennoch setzen viele diese in großem Umfang zur Steigerung des Wohlbefindens bei unmäßigem Essen und Trinken ein. Warum dem so ist, wird im folgenden Kapitel geschildert.

Pantoprazol ohne Krankheit

Knoten im Magen

Annalena war es sterbenselend zumute. Schon im Bus hatte sie sich mehrfach übergeben müssen. Jetzt war sie geschwächt, und es quälten sie Krämpfe in der Magengegend. Sie schleppte sich trotzdem zum Strand in Goa, Indien. Obwohl sie wusste, dass es ihr schlecht werden würde und dass zwei Tage „Nachleiden" folgten, hatte sie den Bus statt eines Fliegers von Mumbai nach Goa genommen. Indien hautnah wollte sie wieder erleben. Sie liebte den Anblick lebhaften Treibens auf den Straßen Indiens, die bunt gekleideten Menschen im Bus und die Gerüche, die sie umgaben. Die 13 Stunden Busfahrt musste sie dafür in Kauf nehmen. Aber mit diesem Busfahrer hatte sie nicht gerechnet! Wie alle indischen Busfahrer raste er wie der Teufel wild hupend über die holprigen Straßen, die in Küstennähe dazu noch sehr kurvenreich waren. Überall erzwang er sich durch aggressives anhaltendes Hupen die Vorfahrt. Am schlimmsten war jedoch die Art, wie er bremste und wie er dann immer flink vom Bremspedal zum Gaspedal und umgekehrt wechselte. Ziemlich bald musste sie sich erstmals übergeben. Zum Glück hatte sie noch ein paar Plastiktüten vor Beginn der Fahrt besorgen können.

An ihrem Lieblingsstrand fühlte sie sich so schwach, dass sie sich erst einmal auf eine schmale Bank retten musste, denn die krampfartigen Attacken aus der Magengegend setzten wieder ein. Sie hatte das schreckliche Gefühl, einen Knoten im Magen zu haben. Doch dann sollte sie die grenzenlose Hilfsbereitschaft der Inder erleben.

„Take this", sagte ihr ein junger Einheimischer, den sie im Bus kennengelernt hatte und nun wieder am Strand traf. Dabei bot

er ihr eine kleine, ovale Tablette an. Annalena stutzte zunächst. Dann sah sie das aufgedruckte „P" auf der Tablette, die sie von zu Hause von ihrer Großmutter kannte.

„Pantoprazol", flüsterte sie verwundert mit schwacher Stimme.

„Stimmt! Das hilft dir sicher. Mein Vater ist Gastroenterologe, und er nimmt es selbst öfters. ,Hurry, worry und curry' sagt man in India, da hilft Pantoprazol! Bei meinem Vater kommt noch Alkohol dazu. Weißt du, Alkohol wird hier in Goa legal verkauft und viele genießen hier harte Drinks. Bewohner aus allen Teilen des Subkontinents kommen deshalb gerne zu uns nach Goa. Und Pantoprazol hilft ihnen allen wie ein Wundermittel, wenn sie dann Probleme mit dem Magen haben."

Annalena stutzte einen Augenblick und wunderte sich, dass ihr gerade in ihrer jetzigen Situation Pantoprazol helfen sollte, den Knoten im Magen zu lösen. Dann nahm sie die Tablette mit einem Schluck Wasser aus ihrer Wasserflasche doch ein. Schaden konnte sie nicht. Das wusste sie von ihrem Vater. Daraufhin sagte sie nicht ohne ein wenig Stolz: „Mein Vater ist medizinischer Chemiker und war maßgeblich an der Entwicklung des Medikaments beteiligt."

„Was für ein Zufall! Da kannst du aber stolz auf ihn sein, denn in Indien kennt jeder Pantoprazol. Bei unserem scharfen Essen!"

„Aber Pantoprazol wurde nicht als Gegenmittel gegen zu viel Alkohol und zu viel scharfes Essen entwickelt", wandte Annalena entschieden ein.

„Stimmt! Aber es hilft allen, sagt mein Vater. Und er muss es als Gastroenterologe und Anwender wissen."

„Bist du auch Gastroenterologe?"

„Nein, ich studiere Medizin in Mumbai. Ich möchte Chirurg werden. Aber von meinem Vater weiß ich, dass man mit Pantoprazol alle Krankheiten, die durch zu viel Magensäure hervorgerufen werden, behandelt", begann der angehende Chirurg zu dozieren und führte weiter aus:

„Zu viel Magensäure kann Übles im Magen und im angrenzenden Darm bewirken. Und ganz besonders schmerzhaft ist es,

wenn Magensäure in die Speiseröhre hochschwappt, was leicht nach übermäßigem Essen und Trinken von scharfen Sachen passieren kann. Um dies zu verhindern, wirft sich mein Vater einfach Pantoprazol ein, und dann hat er keine Probleme mehr, wie er sagt."

„Aber nochmals, dafür wurde dieses Medikament nicht entwickelt. Das ist ja ein Magenschutz auf Vorrat, den man bei normaler Lebensweise nicht bräuchte. Es liegt ja keine Krankheit vor", wiederholte Annalena und legte nun selbst los:

„Wenn das Hochschießen des sauren Mageninhalts im Bereich des unteren Endes der Speiseröhre, unmittelbar an der Einmündung in den Magen einen Schaden verursacht, dann liegt eine echte Krankheit vor, die behandelt werden muss. Und dazu eignet sich bestens ein Protonenpumpenhemmer wie Pantoprazol. Es gibt noch weitere lebensbedrohende Indikationen, für die sich nur diese Protonenpumpenhemmer eignen. Sie haben die Säurehemmer der siebziger und 80er Jahre nach und nach verdrängt."

„Ah, jetzt hat die Tochter des Erfinders gesprochen", bemerkte der nette Inder leicht spöttisch und meinte:

„Dann war dein Vater sicher sehr engagiert."

„Und wie! Er hatte oft keine Zeit für uns und war tagelang schlechter Laune, wenn es mal wieder zum Absturz seines Projekts kam. Es gab haufenweise Misserfolge vor Pantoprazol."

„Aber es wurde doch ein großer Erfolg", sagte der junge Inder voller Bewunderung.

„Eineinhalb Jahrzehnte haben sie dafür gebraucht und mein Vater war von Anfang bis Ende dabei. Am Ende musste er sogar noch um den Erfolg in London vor Gericht mitkämpfen. Die Konkurrenz wollte Pantoprazol verhindern. Das war eine schlimme Zeit für ihn und uns. Am Ende war er total ausgepowert und die zwei Wochen Erholung auf Fuerteventura, die seine Firma der ganzen Familie schenkte, waren für uns eine tolle Sache. Erst von da ab, es war Mitte 1996, ging es mit Pantoprazol in Europa und später auch in Amerika steil aufwärts. Bald wurde daraus ein Multi-Blockbuster. Und seine Firma fing an, mit dem vielen Geld große Fehler zu machen. Aber das ist eine andere Geschichte."

„Vielleicht erzählst du mir mal später davon", meinte der nette Mann.

„Hey! Mein Knoten hat sich aufgelöst. Mir geht es schon besser", rief Annalena erleichtert.

„Und richtigen Hunger habe ich jetzt auch wieder. In meiner Pension gibt es gleich das Abendessen. Nichts wie hin!"

„Ja, das ist prima. Dann wird sich die Wirkung von Pantoprazol noch richtig entfalten können. Dafür braucht es einen leeren Magen und eine halbe bis eine Stunde Zeit nach dem Einnehmen der Tablette bis zum Essen", dozierte der Inder wieder und fragte hoffnungsvoll:

„Können wir uns morgen wieder treffen?"

„Mal sehen, wie es mir dann geht", antwortete Annalena und machte sich gleich auf zu ihrer Pension. Die Dämmerung hatte schon begonnen und der Strand hatte sich bereits geleert.

Pantoprazol als „Lifestyle-Medikament" (Off-label-Gebrauch)

Der indische Gastroenterologe scheint das übliche scharfe Essen (Chili) nicht gut zu vertragen. Wird Chili, das Bestandteil eines indischen Currys ist, in normalen Mengen gegessen, wird es meist gut vertragen, und die stimulierte Magensäure tut ihren Dienst gegen schädliche Bakterien. In größeren Mengen oder bei Überempfindlichkeit kann es jedoch zu Magenschmerzen, Durchfall oder Sodbrennen führen.

In den westlichen Ländern führen fettes und scharfes Essen und besonders das Trinken von Alkohol in größeren Mengen oft zu gravierenden Unpässlichkeiten. Gegen diese „katerartigen" Verstimmungen wird nicht selten eine Tablette Pantoprazol „eingeworfen". Hintergrund ist hier eine spezielle Eigenschaft von Pantoprazol, die eigentlich bei der krankheitsbedingten Verordnung zunächst als Nachteil angesehen werden kann. Pantoprazol entfaltet seine volle Wirksamkeit erst nach 3- bis 5-tägiger morgendlicher Einnahme. Bei der „Lifestyle-Einnahme" wird aber nicht die volle Wirksamkeit gebraucht. Bei klinischen Studien mit nüchternen Probanden, deren Magensäure ersatzweise mit Pentagastrin statt mit Essen stimuliert wurde, hat sich gezeigt, dass eine einmalig eingenommene 40-mg-Pantoprazol-Tablette die Magensäuresekretion um ca. 50–60 % hemmt. Dabei wird der für die Keimabtötung entscheidende Magen-pH-Wert des leeren Magens nur kurzzeitig angehoben. Bei gefülltem Magen kann es durch Pufferung durch Speise zu geringfügig höheren pH-Werten kommen. Andererseits bleibt noch ein kleiner Anteil der Hemmung bis zu 50 Stunden nach Einnahme erhalten. Bei vielen Menschen werden bei dieser Art Prävention unangenehme Unpässlichkeiten vermieden und die niedrigere Wirkung ist ausreichend. Insofern wird es von vielen als das bessere Antazidum eingestuft.

Für diese nicht zugelassenen Indikationen mit Lifestyle-Charakter liegen natürlich keine Studien über den optimalen Einnahmezeitpunkt vor. Die höchste Anflutung von Pantoprazol aus der Blutbahn sollte auf möglichst viele arbeitenden Pumpen treffen, denn dann wird die größte Anzahl an Säurepumpen inaktiviert. Ob eine Einnahme vor, während oder nach einem Exzess mit Alkohol oder einem Essen oder beiden optimal ist, kann nicht allgemein beantwortet werden und wird stark von persönlichen Erfahrungen und Neigungen abhängig sein. Wie viel Säurehemmung für das Wohlbefinden (Vermeidung von Sodbrennen und Reflux) notwendig ist, wird ebenso individuell unterschiedlich sein. Deshalb können keine allgemeinen Regeln ohne klinische Studien angegeben werden.

Sicherheit und Verträglichkeit von Pantoprazol

Die häufigsten Einwände: Demenz, Durchfall, Aufnahme von Kalzium und Magnesium sowie von Vitamin B12

Gute Verträglichkeit heißt noch lange nicht, keine Nebenwirkungen zu haben. Bei der Frage, ob Pantoprazol Nebenwirkungen hat, ist die Antwort schlicht: Ja, die gibt es, aber sie sind extrem selten. Angebliche und tatsächliche Nebenwirkungen von Pantoprazol wie auch der anderen Protonenpumpenhemmer werden oft übertrieben dargestellt. Oft werden Befunde in Patienten, die Pantoprazol einnehmen, verwechselt mit Nebenwirkungen, die Pantoprazol angeblich verursachen sollen. Zugegeben, Befund und Verursachung von Befunden sind oft schwer zu trennen und werden selbst von Fachleuten durcheinandergebracht. Dies soll an einem Beispiel dargestellt werden:

Berichte, dass Pantoprazol und alle Protonenpumpenhemmer Demenz verursachen, wurden anhand sogenannter Kohorten-Studien vorgetragen. Darin wurden Gruppen von Pantoprazol-Einnehmern mit Nicht-Einnehmern verglichen und es wurde untersucht, ob sich die beiden Gruppen in irgendeiner Weise, hier in der Demenz-Krankheit, unterschieden, und ob Unterschiede durch die Säureblocker verursacht sein könnten. Es blieb aber unklar, ob diese Patienten schon dement oder prädestiniert für diese Krankheit waren, bevor sie die Säureblocker eingenommen hatten.

Erst wissenschaftliche Untersuchungen, in denen Gruppen von Probanden oder Patienten nach dem Zufallsprinzip ausgewählt werden (randomisiert), können zur Klärung über

Ursachen von Nebenwirkungen Klarheit bringen. Die eine Gruppe erhält ein Medikament mit dem Wirkstoff (Verum-Gruppe), während die andere Gruppe eine in ihrer Erscheinungsform identische Darreichungsform – d. h. in gleicher Form, Farbe und Größe, aber ohne den Wirkstoff – erhält (Placebo-Gruppe, doppelblind). So wissen weder die Untersucher noch die Einnehmenden, wer das Medikament tatsächlich eingenommen hat und wer nur mit dem Scheinmedikament (Placebo) vorliebnehmen musste.

Eine in ähnlicher Weise durchgeführte Studie mit mehr als 17.500 älteren Männern und Frauen, die ein erhöhtes Risiko für akute Arterienverschlüsse besaßen, wurde mit einem gerinnungshemmenden Medikament durchgeführt. Die Teilnehmer erhielten randomisiert Pantoprazol-Tabletten oder Placebo-Tabletten. Am Ende wurden praktisch keine gegen den Säureblocker vorgebrachten Sicherheitsbedenken bestätigt. In anderen Studien, die teilweise bis zu fünf Jahre dauerten, waren überhaupt keine Nebenwirkungen festgestellt worden.

Nebenwirkungen von Medikamenten können durch ungewollte und unspezifische Wirkungen im Körper entstehen, sogenannte Off-target-Nebenwirkungen. Diese sind von denen, die durch ihre gewollte Wirkung verursacht werden, zu unterscheiden. Pantoprazol besitzt praktisch keine Off-target-Nebenwirkungen, da es erst am Zielort aktiviert und dort zehntausendfach angereichert wird. Wenn Protonenpumpenhemmer jedoch längere Zeit in hohen Dosen eingenommen werden und dadurch die Sekretion der Magensäure massiv gehemmt wird, treten Nebenwirkungen auf, die mit der gewollten Wirkung zusammenhängen. Es ist einleuchtend, dass sich bei lang andauernder Säuresekretionshemmung die Darmflora verändern kann und dadurch Bakterien weniger wirksam abgetötet werden. Im Normalfall befindet sich jedoch immer ein Rest an Säure im Magen, der dafür sorgt, dass es zu keinen dramatischen Effekten kommt. In der oben erwähnten Studie mit den älteren Probanden bekamen 1,5 % von ihnen Durchfälle gegenüber 1,1 % bei denjenigen, die ein Placebo erhielten. In dieser Studie wurde auch belegt, dass es, anders als häufig vorgebracht, nicht zu einer erhöhten Rate von Knochenbrüchen durch gestörte Kalzium-Aufnahme kommt.

Wenn Pantoprazol über einen längeren Zeitraum eingenommen wird – Jahre oder gar lebenslang –, sollte der behandelnde Arzt die Aufnahme von Vitamin B12, von Kalzium und Magnesium überprüfen. Zumindest nach drei Jahren ist eine Kontrolle angebracht, denn so lange währte die erwähnte wissenschaftliche Studie ohne störende Effekte. Gegebenenfalls muss der Arzt den Mängelzuständen gegensteuern und die fehlenden Stoffe ersetzen.

Es wird behauptet, Kalziummangel würde durch die fehlende Magensäure hervorgerufen und den Aufbau der Knochen stören. Eine Studie, die im Januar 2017 im renommierten „American Journal of Gastroenterology" veröffentlicht wurde, zeigt aber, dass auch nach zehn Jahren Einnahme von Protonenpumpenhemmern keinerlei negative Effekte auf die Knochen erkennbar waren.

Für die Pharmahersteller ist der Beipackzettel in erster Linie dazu da, rechtlich möglichst abgesichert zu sein. Wird auf ein mögliches Risiko hingewiesen, verringern sich die Chancen, für Schadensersatz haftbar gemacht zu werden. Dies trifft in besonderem Maße auch auf mögliche unerwünschte Wechselwirkungen mit anderen Begleitmedikamenten zu. Wie oben schon ausführlich dargelegt, hat Pantoprazol mit praktisch keinem der gängigen Medikamente metabolische Wechselwirkungen.

Versehentliche Überdosierung

Eine krankheitsbedingte, ärztlich verordnete Einnahme von Pantoprazol ist in der Regel sehr gut verträglich. Was passiert, wenn versehentlich mehrere Pantoprazol-Tabletten eingenommen werden? Üblicherweise führen Überdosierungen zu ernsthaften Problemen. Bei Blutdrucksenkern müssen die angegebenen Dosierungen genau eingehalten werden, ansonsten können Patienten an der zu hohen Wirkung Schaden nehmen. Bei Pantoprazol ist die Situation vollkommen anders und zum Glück ohne schädliche Auswirkungen. Auch bei einer akuten Überdosierung kann es bezüglich der Wirkung keine Probleme geben, denn eine mehr als 100%ige Säurehemmung gibt es nicht und ein neutraler Magen stellt kurzzeitig kein Problem dar.

Die herausragende Verträglichkeit von Pantoprazol wurde schon in einer frühen Phase der Entwicklung unbeabsichtigt festgestellt und wird wegen der immensen Auswirkung auf den erfolgreichen Fortgang der Entwicklung in Teil 2 näher geschildert.

Was passiert beim Absetzen von Pantoprazol? Wird jetzt mehr Säure als zuvor gebildet (Rebound-Effekt)?

Die Beantwortung der Frage, ob nach dem Absetzen der Einnahme von Pantoprazol mehr Säure als zu Beginn einer Behandlung produziert wird, war Thema einer leidenschaftlichen Auseinandersetzung, die fast schon polemische Ausmaße angenommen hat. Pantoprazol und alle Protonenpumpenhemmer würden sich ihren Markt selber schaffen, behaupteten Kritiker. Tatsache ist, dass es bei manchen Patienten, die über mindestens 8 Wochen 40 mg oder mehr täglich einnehmen, zu einer Art Abhängigkeit kommt. Der Grund dafür ist, dass es nach abruptem Absetzen der Einnahme eine Zeitlang zu einem unangenehmem sauren Aufstoßen und auch zu Beschwerden in der Magengegend kommt. Beides verschwindet sofort, wenn die Einnahme fortgesetzt wird. Die Ursache für die Unannehmlichkeiten könnte darin bestehen, dass es infolge der starken Säurehemmung als natürliche Gegenregulation zu erhöhten Ausschüttungen von Gastrin kommen kann. Gastrin stimuliert neben der Säuresekretion auch das Wachstum von bestimmten Zellen in der Magenwand (ECL-Zellen), die Histamin ausschütten. Auch dieses Hormon stimuliert auf natürliche Weise Magensäure. Die vermehrten ECL-Zellen bleiben für einige Tage erhalten und führen in dieser Zeit zu einem erhöhten Säureausstoß, der in einigen Fällen zu den erwähnten Unpässlichkeiten führen kann.

Die Beendigung der Einnahme nach einer längeren Behandlung muss deshalb mit dem Arzt abgestimmt und von ihm kontrolliert werden.

Es stehen einfache Strategien zur Verfügung, damit es nach Absetzen einer Langzeittherapie nicht zu Unpässlichkeiten kommt. Der Arzt kann den Patienten eine ausschleichende Behandlung mit einer niedrigeren Dosis verordnen (Niedrigdosis-Prophylaxe) oder alternierend einnahmefreie Tage anraten. Schließlich kann er dem Patienten empfehlen, nur noch beim Auftreten von Symptomen zum Säureblocker zu greifen (On-demand-Einnahme). In jeder Indikationsstellung muss im Einzelfall entschieden werden, welche Weiterbehandlung geeignet ist. Risikopatienten verdienen besondere Aufmerksamkeit und Kontrolle. Auch Empfehlungen für eine geänderte Essensaufnahme und angepasste Lebensweise sollten nicht fehlen. Antazida können ebenfalls eine Hilfe sein.

Wird Pantoprazol zu häufig verschrieben und zu häufig ohne Rezept „konsumiert" (Off-Label Use)?

Dass die äußerst verträgliche und effektive Wirkung von Pantoprazol dazu verleitet, es zunehmend bei Indikationen einzusetzen, für die keine Zulassung besteht, ist nicht verwunderlich. Gelegentliche Beschwerden bei Völlegefühl oder saurem Aufstoßen gehören dazu. Dann wird gerne auf nicht rezeptpflichtiges Pantoprazol zurückgegriffen. Bei einmaliger Einnahme einer 20-mg-Tablette werden ungefähr 25 % der möglichen Säuresekretion verhindert. Als Therapie für die Symptomatik zugelassen sind 40 mg Pantoprazol über vier bis acht Wochen.

Um Kosten für die Krankenkassen zu sparen, wird in einer Arzneimittelrichtlinie sogar vorgeschrieben, dass der Arzt prüfen solle, ob die rezeptfreie 20-mg-Tablette nicht für die zwei Wochen Behandlung ausreichend ist. Sind nach zwei Wochen noch Symptome vorhanden, sind weitergehende Untersuchungen fällig. Dann spätestens muss ein Patient die Selbstmedikation mit der rezeptfreien Tablette Pantoprazol beenden und einen Arzt aufsuchen.

Kritiker werfen Ärzten vor, dass sie sich keine Zeit für eine gründliche Anamnese der Patienten nehmen würden. Sie würden sich durch die Sicherheit und Wirksamkeit von Pantoprazol zum schnellen und gedankenlosen Verschreiben verleiten lassen. Da Pantoprazol in der Substanzklasse der Protonenpumpenhemmer das Medikament ist, das sich den Titel „best in class" über die Jahre erworben hat, ist es nur verständlich, dass die Ärzte größtes Vertrauen in seine hilfreiche Wirkung haben und sich nicht mit Bedenkenträgern aufhalten.

Zum Abschluss noch Praktisches

Pantoprazol wirkt einschleichend

Wann endet der Schmerz und wann werde ich geheilt? Das sind die Fragen, die den Patienten brennend interessieren. Hier müssen die Patienten etwas vertröstet werden, denn Pantoprazol hat, wie die anderen Protonenpumpenhemmer auch, eine einschleichende Wirkung. Dies hat Vorteile und auch Nachteile zur Folge. Aber zunächst zur Frage, wie es dazu kommt.

Der optimale Einnahmezeitpunkt: Maximale Anzahl arbeitender Säurepumpen treffen auf maximale Pantoprazol-Konzentration im Blut

Wie oben schon näher beschrieben, benötigt Pantoprazol arbeitende Säurepumpen, um aktiv zu werden. Pantoprazol ist ein Prodrug, wie die Fachleute sagen. Diese Aktivierungssache ist eine ziemlich hinterhältige Angelegenheit, denn ausgerechnet die Pumpen, die gehemmt, ja sogar gekillt werden sollen, müssen die notwendige Mordwaffe, nämlich frische Säure, liefern. Etwas sachlicher ausgedrückt: Das durch Säure aktivierte Pantoprazol bewirkt eine irreversible Sekretionshemmung. Nur ein sehr kleiner Prozentsatz der „gekillten" Pumpen kommt später wieder zum Einsatz. Diese besondere Art der Säurehemmung hat Konsequenzen für die Einnehmer: Es kommt zu einer einschleichenden Wirkung und es stellt sich die Frage, wann die maximale Wirkung erreicht wird. Die Antwort auf die letzte Frage ist ziemlich einfach:

Eine maximale Anzahl arbeitender Säurepumpen muss gleichzeitig auf eine maximale Konzentration von Pantoprazol im Blutkreislauf treffen.

Die erste Anforderung führt zur Frage, wann die Wasserstoff-Kalium-ATPase (Säurepumpe) prinzipiell aktiv wird. Schon bei einer erwarteten Essensaufnahme, bei Geruch und Geschmack von Nahrung, fließen die sauren Säfte (kephalische Phase). Das Pavlow'sche Hundeexperiment steht für diese Art der Aktivierung. In den Belegzellen finden dann die oben beschriebenen dramatischen Eingliederungen der Säurepumpen in die innere Trennwand (apikale Membran) der Belegzelle statt. Sinnvollerweise wird auch bei Dehnung des Magens durch zugeführte Nahrung weitere Magensäure bereitgestellt (gastrische Phase). Und schließlich, wenn Speisebrei in den Darm geschoben wird (intestinale Phase). So ist der Zeitpunkt der Essensaufnahme mitentscheidend.

Die zweite Anforderung wird durch die kurze Verweilzeit von Pantoprazol im Blut (im Durchschnitt zwischen 90 bis 120 Minuten) vorgegeben. In diesem beschränkten Zeitfenster erfolgt die maximale Anflutung, weshalb die morgendliche Einnahme 30 bis 60 Minuten vor dem Frühstück erfolgen sollte. Es sind auch andere Tageszeitpunkte für die Einnahme möglich, wenn auf eine optimale Wirkung verzichtet wird. Entscheidend für eine gute Wirkung ist eine vorausgehende längere nüchterne Phase ohne Essensaufnahme und eine Einnahme vor dem Essen, zum Beispiel eine Stunde vor dem Abendessen. In ausführlichen klinischen Studien stellte sich heraus, dass für die Abheilung von Geschwüren die morgendliche Gabe optimal ist.

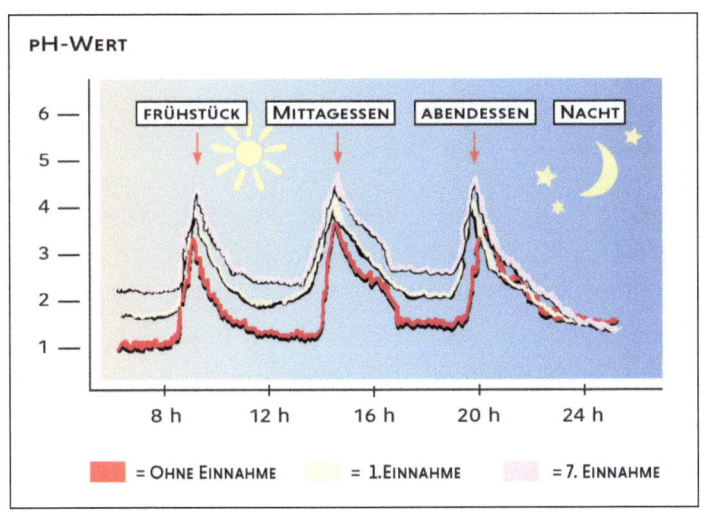

Abb. 27: Gemittelte intragastrale pH-Werte von 20 Probanden nach wiederholter Einnahme von 40 mg Pantoprazol.

Wie kommt es zur einschleichenden Wirkung beim Anwender?

Auch unter den optimalen Bedingungen der morgendlichen Gabe arbeiten nur maximal 70 % der Säurepumpen während des Frühstücks. Nur diese können von der 40-mg-Tablette Pantoprazol gehemmt werden. Die ruhenden Pumpen werden im Laufe des Tages nach und nach aktiv, aber dann ist kein Pantoprazol mehr im Blut. So werden mit der ersten Gabe ca. 40 % der maximalen Säuresekretion über den Tag hinweg verhindert; 40 % deswegen, weil die erwähnten nicht gehemmten 30 % Pumpen noch 10 % Säure im Laufe des Tages nachliefern.

Vor der zweiten Einnahme am nächsten Morgen warten immer noch die 30 % der Pumpen, die nicht ausgeschaltet wurden, und zusätzlich kommen ungefähr 25 % neue hinzu, die im Laufe des ersten Tages und besonders in der darauf folgenden Nacht neu gebildet wurden (De-novo-Synthese). Von diesen jetzt ungefähr 50 % arbeitsfähigen Pumpen können wiederum nur 70 % gehemmt werden. Diese Reihe setzt sich in den nächsten Tagen fort, so dass erst nach drei bis fünf Tagen ein Plateau von ungefähr 70 bis 80 % der maximal möglichen kompletten Hemmung erreicht wird. Man kann die Hemmung geringfügig verstärken, indem abends zusätzlich, wieder 30 bis 60 Minuten vor Essensaufnahme, eine weitere Tablette eingenommen wird. Dadurch wird die Säurehemmung um 10 % auf 80 % der maximalen Säurehemmung angehoben. Diese kleine Verbesserung ist bei schweren Refluxbeschwerden jedoch willkommen.

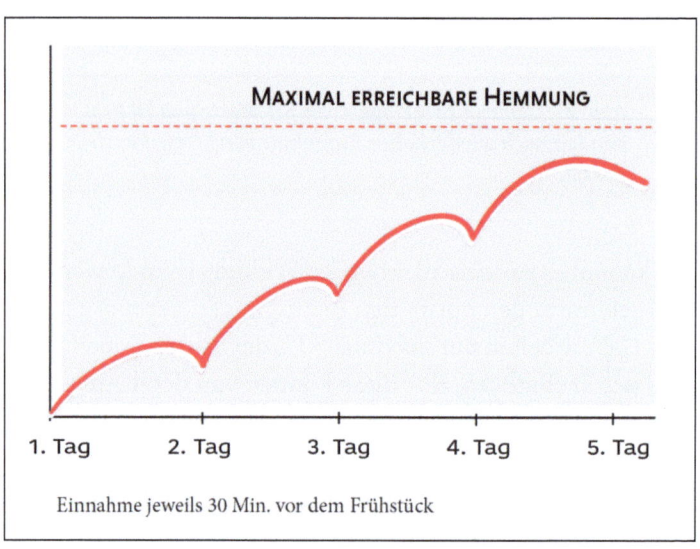

Abb. 28: Die maximal erreichbare Wirkung von Pantoprazol stellt sich erst nach mehreren Einnahmen ein.

Die geschilderte einschleichende Wirkung ist allen Protonenpumpenhemmern mit minimalen Unterschieden eigen. Eine anhaltende Schmerzbefreiung stellt sich bei den meisten Patienten dennoch in einigen Tagen ein.

Vor- und Nachteile der besonderen Wirkungsweise

Bei Refluxkrankheit wünschen sich die Patienten schnelle Schmerzbefreiung, denn die Beeinträchtigungen sind erheblich. Für eine schnelle Schmerzbefreiung sind Protonenpumpenhemmer wegen des verzögerten Wirkungseintritts nicht sonderlich geeignet. Bei akuten Schüben können H2-Blocker oder Antazida kurzzeitig schnelle Abhilfe schaffen. Das enge Zeitfenster der Verfügbarkeit und die damit eingeschränkte Wirkung ist für Patienten, die an nächtlichen Säureschüben leiden, ein großes Problem. Auch mit einer zweiten Dosis eines Protonenpumpenhemmers vor dem Schlafengehen ist das Problem nicht lösbar, denn die Säureschübe finden eher in der zweiten Nachthälfte statt, wenn kein Säurehemmer mehr zur Verfügung steht.

Ein nicht zu verachtender Vorteil der besonderen Wirkungsweise der Protonenpumpenhemmer besteht darin, dass fast immer eine Restmenge Magensäure vorhanden bleibt, die für die Keimabtötung bereitsteht. Das besondere Wirkprinzip hat sozusagen seine Bremse eingebaut. Dies ist besonders wichtig bei der Anwendung als präventiver Magenschutz bei rheumatischen Erkrankungen. Wenn Aspirin, das aggressiv auf die Magenwände wirkt, über lange Zeit eingenommen werden muss, muss auch der Magen dauernd geschützt werden. Dabei genügt in den meisten Fällen eine moderate Hemmung der Säuresekretion. Welcher Grad an Säurehemmung für die Behandlung säurebedingter Krankheiten des Magen-Darm-Trakts sowie der Speiseröhre im Einzelnen nötig ist, wird im nächsten Abschnitt beschrieben.

Revolution in der Behandlung von säurebedingten Krankheiten: Die Beherrschung der Azidität und der Säuremenge durch Pantoprazol

Wie hätte Karl Schwarz wohl gestaunt, wenn er erfahren hätte, welche therapeutischen Möglichkeiten heute bestehen, um säurebedingte Magen- und Zwölffingerdarmgeschwüre sowie Speiseröhrenkrankheiten nach seinem Diktum „ohne Säure kein Ulkus" erfolgreich zu behandeln! Sicherlich wäre er auch als Chirurg glücklich gewesen, dass heute dank der Protonenpumpenhemmer praktisch keine Magenoperationen mehr nötig sind, denn zu häufig war er mit seinen Möglichkeiten erfolglos und konnte seine Patienten nicht von ihren Leiden befreien. Heute wissen wir, welch fundamentale Rolle die Hemmung der Magensäure bei der Verhinderung der Selbstverdauung spielt. Er hatte keine Möglichkeit, die Sekretion von Magensäure differenziert zu beeinflussen.

Mit den heutigen Protonenpumpeninhibitoren hat der Arzt die Möglichkeit, für seine Patienten das ganze Spektrum der jeweils benötigten Sekretionshemmung auszuschöpfen: Von der kompletten Verhinderung von Magensäure bis zur moderaten Sekretionshemmung zur Vermeidung von Magenwandschäden bei einer Infarktprophylaxe. Wenn bei der erfolgreichen Behandlung des Magenblutens für mehrere Tage eine Anhebung des pH-Werts von pH 1 auf pH 6 bis pH 7 benötigt wird, muss mindestens 99,999 Prozent Hemmung gewährleistet sein. Mit Pantoprazol wird diese enorme Wirkung verträglich unter Dauerinfusion erreicht und so das gefährliche Nachbluten verhindert. Säurepumpen, die anspringen wollen, werden in diesem Fall von Pantoprazol dauerhaft daran gehindert.

Bei der Behandlung der Refluxkrankheit ist ebenfalls eine starke Anhebung des Magen-pHs nötig, um die starken

Schmerzen, ausgelöst durch Säureionen am Ösophagussphinkter, auszuschalten und um die Heilung der Entzündung an der Speiseröhre zu bewirken. In vielen Studien wurde gezeigt, dass bei den meisten Patienten eine schnelle Abheilung der Entzündung und Schmerzbefreiung erreicht wird, wenn ihr Magen-pH über vier liegt, was eine Sekretionshemmung von 99,9 % verlangt. Diese Hemmung können über längere Zeit nur Protonenpumpenhemmer erbringen. H2-Blocker verlieren nach wiederholter Gabe schnell ihre Wirkung. Die Erfolge bei Patienten mit schweren Refluxbeschwerden führten zum Siegeszug der Protonenpumpenhemmer.

Nicht bei allen gastrointestinalen Erkrankungen kommt es auf die Anhebung des pHs im Magen an. Vielmehr ist es die Verminderung der Säuremenge und nicht die Verringerung der Azidität, die mit dem pH-Wert ausgedrückt wird. Dies kommt bei der Behandlung des Zollinger-Ellison-Syndroms zum Ausdruck: Die Unmengen an Magensäure führen zu Schäden im Zwölffingerdarm, da die Pufferkapazität aus den Darmzuflüssen bei weitem nicht ausreicht. Die Säure kann ihr Unheil anrichten.

Erst recht hätte Karl Schwarz gestaunt, wenn er erfahren hätte, dass Magen- und Darmkrankheiten durch die Behandlung mit einer Kombination von Antibiotika und einem Säurehemmer geheilt werden können und dass die Patienten diese Krankheiten damit für immer loswerden würden. Hätte er dann Ende der 1980er Jahre sein Diktum „Kein Ulkus ohne Säure" neu durch „Kein Ulkus ohne Helicobacter pylori" ersetzt? Immerhin: Für die Ausrottung des Bakteriums wird eine starke Hemmung der Säuresekretion benötigt, die von den Protonenpumpenhemmern spielend bewältigt werden kann.

Die Protonenpumpenhemmer haben seit ihrer Einführung 1989 (Omeprazol) die Behandlung und die Verhinderung gastrointestinaler Krankheiten revolutioniert. Pantoprazol, das 1994 eingeführt wurde, konnte seine segensreichen Eigenschaften millionenfach unter Beweis stellen. Besonders bei

Krankheiten, bei denen mehrere Medikamente gleichzeitig eingesetzt werden müssen, ist seine gute Verträglichkeit und das Fehlen von Wechselwirkungen von herausragendem Nutzen für die Patienten.

TEIL 2

Neue Wege für die Behandlung von Magen-Darm-Krankheiten werden gesucht

Schon bevor der saure Charakter des Mageninhalts von William Prout im Jahre 1823 als Salzsäure aufgeklärt werden konnte, hatte man im Altertum bereits begonnen, mit gemahlenem Kalk den Mageninhalt zu neutralisieren, und man konnte damit kurzzeitig Schmerzen lindern. Auch die Behandlung des Sodbrennens durch Soda war in jenen Tagen bereits bekannt. In den 1950er Jahren entwickelten viele Pharmafirmen verbesserte Antazida von denen noch heute einige im Handel sind. Aber nur in den seltensten Fällen werden damit Heilungen der Magen-Darm-Geschwüre erreicht. Antazida wirken zu kurz und müssen deshalb täglich mehrmals eingenommen werden. Neben einer strengen Diät waren operative Eingriffe zur Verhinderung überschüssiger Magensäurebildung die einzigen Wege, der Magen-Darm-Geschwüre Herr zu werden. Die Einschränkung des täglichen Lebens und die hohe Mortalität bei den operativen Eingriffen verlangten es, nach neuen Behandlungswegen zu suchen.

In den 1960er und 70er Jahren gelang es, einige Ansatzpunkte über die Ursachen der Krankheiten zu verstehen. Ein hoffnungsvoller Weg bestand in der Erforschung der Wirkweise des Hormons Gastrin. Dieses Hormon besorgt den Nachschub von Magensäure, wenn Säure, zum Beispiel durch zugeführte Nahrung, benötigt wird. Überschießende Säuresekretion sollte durch Blockade der säurefördernden Wirkung von Gastrin erreicht werden. Trotz großer Investitionen in diese Forschung blieben die Erfolge einstweilen aus.

Ein anderer Ansatz zielte darauf ab, die natürliche vagale Säurestimulation zu hemmen, die zum Beispiel beim Anblick oder dem Geruch von Essen in Aktion tritt. Diese sogenannten Anticholinergika, von denen Atropin ein Vertreter ist, haben allerdings eine breite Palette von Nebenwirkungen. Ein anderer Ansatz verfolgte die Schutzwirkung von Prostaglandinen im Magen durch verstärkte Schleimbildung zu nutzen.

Um wirksame und verträgliche Arzneimittel zu entwickeln, mussten vielfältige Messmethoden für die Wirkung potentieller Medikamente in Tieren entwickelt werden. Sie waren die Voraussetzung für die Auffindung von effizienten Arzneimitteln. Die erste erfolgreiche Entwicklung, die Mitte der 1970er Jahre zu nützlichen Säureblockern führte, waren sogenannte Antihistaminika, die die Wirkung des Histamins blockieren konnten.

Lange Zeit war jedoch unklar, ob es gelingen würde, Histaminblocker zu entwickeln, die nur in die Regulation der Magensäureproduktion eingreifen würden und alle anderen Wirkungen von Histamin unbeeinflusst ließen, d. h. ob es gelingen würde, ein Antihistaminikum als Säureblocker ohne Nebenwirkungen zu entwickeln.

James Black, der ab 1964 bei der amerikanisch-englischen Firma SmithKline & French Laboratories (SK&F) arbeitete, war der Überzeugung, dass dies gelingen könne. Er postulierte 1964 die gewagte Idee, dass es für die Säurewirkung von Histamin einen Untertyp (Subtyp) von Andockstelle (Rezeptor) gebe, den man selektiv mit einem Medikament blockieren und damit ausschließlich die Säuresekretion hemmen könne. Black nannte den Subtyp H2-Rezeptor. Medikamente, die diesen Rezeptor hemmen, werden deswegen als H2-Blocker bezeichnet.

Bei SK&F bot ein neuer Forschungsleiter dem Forscher Black vollkommene Handlungsfreiheit zu und sicherte ihm die Mittel für die Umsetzung seiner Idee. Bei ICI Pharmaceuticals, wo er zuvor arbeitete und Betablocker für die Behandlung von Bluthochdruck und vielen anderen Herzerkrankungen erfolgreich entwickelt hatte, hatte er seine Histamin-Hypothese nicht durchsetzen können. Der erste Hoffnungsträger Metiamid erwies sich zwar als wirksam in Menschen, aber bei einigen der 700 behandelten Patienten wurden im Blut toxische Veränderungen (Granulozytose) beobachtet, die glücklicherweise nach Absetzen des Medikaments verschwanden, aber die Entwicklung zu Fall brachten. An diesem Punkt stellte die Firmenzentrale in Philadelphia das Projekt offiziell ein.

Doch in England gab man die Hoffnung nicht auf. „Unterhalb des Radarschirms" des amerikanischen Managements wurde verbissen auf eigene Faust am Projekt weitergearbeitet. Erst 1972 gelang mit Cimetidin der endgültige Durchbruch. Erstmals konnte man Magensäuresekretion ohne Nebenwirkungen hemmen und für Behandlung von Magen-Darm-Erkrankungen einsetzen. Die Erstvermarktung unter dem Handelsnamen Tagamet begann 1976, also zwölf Jahre nach Beginn des Projektes.

Wie groß war erst die Begeisterung bei den Gastroenterologen und den Patienten! Vorbei waren die gefährlichen Magenoperationen mit Öffnung der Bauchdecke, die jetzt fast nicht mehr notwendig waren. Wenn ein Geschwür nach vier oder acht Wochen nicht geheilt war, behandelte man einfach weiter. Auch das oft wiederkehrende Darmgeschwür wurde weiter mit Cimetidin behandelt. Die Umsätze wuchsen und wuchsen. 1984 war der Umsatz erstmals über eine Milliarde Dollar gestiegen und Cimetidin wurde zum ersten Blockbuster (Arzneimittel mit einem Jahresumsatz > 1 Milliarde Dollar) der Pharmageschichte. Die Entwicklung von Cimetidin war eine Pionierentwicklung, für die James Black 1988 den Nobelpreis für Medizin und Physiologie erhielt.

Anfänge der Gastroforschung bei Byk Gulden (vor 1978)

Die ehemalige Firma Byk Gulden wurde im späten 19. Jahrhundert im brandenburgischen Oranienburg gegründet und hatte bis in die 1940er Jahre einen guten Ruf als Produzent von Arzneimitteln für Atemwegserkrankungen sowie als Hersteller von Heil- und Hilfsmitteln für die Erstversorgung von Wunden und Verletzungen. In den Kriegswirren am Ende des 2. Weltkriegs hatten ihre Gründer und Nachfahren von den Behörden Verlagerungsbefehle nach Konstanz und Regensburg erhalten. Der für Regensburg eingesetzte Sonderzug kam dort nie an, da er vollständig ausgebombt wurde. In der Lazarettstadt Konstanz bestand ein großer Bedarf an Arzneihilfsmittel, wie z. B. Narkoseäther. Eilig wurde eine notdürftige Produktion aufgebaut. Während des dramatischen Kriegsgeschehens, nahezu unbemerkt von der Öffentlichkeit, hatte sich Dr. Günther Quandt die Aktienmehrheit der Byk Gulden Werke verschafft und Paul Gulden als Vorsitzenden des Aufsichtsrats abgelöst.

Nach und nach wurde der Standort Konstanz ausgebaut und eine kleine Forschungseinheit etabliert, die sich mit der Entwicklung von Stoffen, die die Magensäure neutralisieren konnten – sogenannte Antazida – befasste. Ihr Erfolgsprodukt Magaldrat befindet sich noch heute unter dem Markennamen Riopan im Handel. Aus technischen Gründen wurde das Produkt 1957 an die amerikanische Pharmafirma Ayerst auslizenziert, die es am dortigen Markt zu einem großen Verkaufsschlager machte. Diese Geschäftsbeziehung sollte ab 1996 noch eine große Rolle für die Entwicklung und Vermarktung von Pantoprazol in den USA spielen.

Byk Gulden widmete sich in den 1960er Jahren der Rheumaforschung und war außerdem mit der Einlizenzierung von Röntgenkontrastmitteln erfolgreich. Die kleine Forschungseinheit der Firma befasste sich seinerzeit mit dem hoffnungsvollen Forschungsprojekt eines Alleskönners für Leber- und Pankreaserkrankungen. Sie fiel jedoch 1978 in eine große Krise, als das Projekt aufgrund von Sicherheitsbedenken abrupt beendet werden musste. Eine tiefe Depression und Orientierungslosigkeit folgte, und eine Neuausrichtung der Forschungseinheit wurde gefordert. Aber wo sollte sich auf die

Schnelle ein fruchtbares Arbeitsgebiet auftun? Sollte man nicht besser die erfolgreiche Einlizenzierung neuer Produkte betreiben und dagegen die Ausgaben für die Forschungseinheit kräftig zurückstutzen? In dieser schwierigen Situation nahm der Leiter der medizinischen Chemie die Neuausrichtung entschlossen in die Hand. Er war nach dem Studium der Chemie bei Bayer in der Farbstoffchemie gelandet, die ihn aber nicht sonderlich befriedigte. Deshalb übernahm er 1966 die Leitung der kleinen chemischen Forschungseinheit von Byk Gulden. Seine ursprüngliche Unkenntnis in der chemischen Arzneimittelforschung hielt ihn nicht von dieser Aufgabe ab. Schließlich waren aus der Farbstoffforschung schon einige Arzneimittel hervorgegangen. Mit ihm wechselte auch ein weiterer Chemiker an den Bodensee, der für die Entstehung von Pantoprazol später eine entscheidende Rolle spielte.

Der Leiter der medizinisch-chemischen Forschung setzte kühn auf die Etablierung einer neuen Gastroforschung und hatte seine Gründe dafür. Dabei kamen ihm zunächst zwei interne Umstände zur Hilfe, die er geschickt und überzeugend in seine Argumentation einbaute. Zum einen konnte man an die früheren Erfolge auf dem Gebiet der Gastroforschung anknüpfen, denn die Lizenz des in den USA so erfolgreichen Magaldrats war abgelaufen, und das beliebte Produkt konnte jetzt auch von Byk Gulden vertrieben werden. Wollte man Magaldrat auch in Deutschland erfolgreich vermarkten, brauchte man die Unterstützung durch Forschungseinrichtungen, die sich den gastroenterologischen Problemstellungen widmen konnten. Es mussten klinische Studien in Europa und insbesondere in Deutschland durchgeführt werden.

Als einen weiteren entscheidenden Vorteil für einen schnellen Einstieg in die gastroenterologische Forschungsrichtung wurde das Know-how aus der jahrelangen Rheumaforschung angesehen. In dieser Forschung war man bestrebt, die notorischen Schädigungen, die mit der Einnahme von Rheumamitteln verbunden sind, zu minimieren beziehungsweise auszuschalten. Man benutzte dazu Ratten, in denen Magengeschwüre durch hohe Dosen der neuen Rheumamittel erzeugt wurden, und konnte so deren Schädigungspotential durch Ausmessen der geschädigten Flächen bestimmen. Dieses Tiermodel konnte man leicht für die Messung der Magenschutzwirkung von Antiulkusmitteln abwandeln. Durch eine konstant große Menge Aspirin wurde ein Magengeschwür in den Rattenmägen erzeugt und der Schutz durch eine Testsubstanz direkt gemessen. Die Durchführung der Testungen erforderte geübte und sachkundige Mitarbeiter, die aus der Rheumaforschung vorhanden waren. Ein großer Vorteil für einen schnellen Start dieser neuen Forschungsrichtung wurde überzeugend argumentiert.

Die entscheidende Frage war: Welche Zielrichtung sollte die Gastroforschung bekommen? Gab es Magen-Darm-Erkrankungen, die man noch nicht befriedigend behandeln konnte? Wie sollten diese Patienten behandelt werden: durch Stärkung der protektiven Faktoren oder durch Verminderung der aggressiven Faktoren, z. B. durch Hemmung der Magensäureproduktion? In der schwierigen Situation musste ein schneller Erfolg her, denn die Geduld der Firmenleitung war nur begrenzt. Schließlich hatte man in ein komplett neues Forschungsgebäude investiert.

Eine schnelle und tiefgründige Analyse der Möglichkeiten auf dem gastroenterologischen Forschungsgebiet war dringend erforderlich. Was war der Wissensstand, der sogenannte „Stand der Technik" 1978 in dieser Behandlungsindikation? Sollten Antihistaminika bei Byk Gulden entwickelt werden?

Anticholinergika-Forschung bei Byk Gulden (1978-1980). Erfolglos und doch wichtig

Die erfolgreiche Entwicklung der beiden H2-Blocker Cimetidin und Ranitidin war an Byk Gulden komplett vorbeigegangen. Eine ausführliche Patentanalyse zeigte, dass noch viele neue H2-Blocker in fast allen großen Pharmafirmen in der Entwicklung standen. Man war sich einig, dass es sinnlos war, auf diesen Zug noch aufzuspringen. Der Leiter der medizinischen Chemie lenkte die Aufmerksamkeit deshalb auf das neu im Handel befindliche Magenmittel Pirenzepin, das von der Firma Thomae, Boehringer Ingelheim im benachbarten Biberach entwickelt wurde. Pirenzepin ist ein synthetisches Anticholinergikum, das die Magensäuresekretion mäßig hemmen kann. Das bekannteste natürliche Anticholinergikum ist Atropin, das in der Tollkirsche vorkommt und in der Augenheilkunde Verwendung findet.

Gravierende Nebenwirkungen der Anticholinergika sind Sehstörungen und Mundtrockenheit. Mit neuen Abkömmlingen von Pirenzepin wollte man diese unangenehmen Nebenwirkungen zurückdrängen. Geschickt führte der Leiter der medizinisch-chemischen Forschung aus, dass man bei der Anticholinergika-Forschung auf Synergien aus der früheren hauseigenen Zentral-Nerven-System (ZNS)-Forschung zurückgreifen könne und damit einen schnellen Start, ja sogar einen „Jumpstart", wie man heute sagen würde, garantieren könne. Dieses zusätzliche Argument überzeugte die Forschungsleitung, und man genehmigte dem Leiter der medizinischen Chemie zunächst ein Jahr Bearbeitungszeit für das neue Projekt. Die erforderlichen Kapazitäten wurden aus der Einstellung der Arbeiten auf dem ZNS-Gebiet herangezogen.

In der Abteilung Pharmamarketing war man über die Entscheidung des Forschungsmanagements allerdings entsetzt. Wie sollte denn ein derartig wenig verträgliches Medikament gegen den neuen H2-Blocker Cimetidin bestehen können? Der vagen Hoffnung, die bekannten Nebenwirkungen des Pirenzepins wegoptimieren zu können, standen sie sehr skeptisch gegenüber. Nach ihrer Auffassung sollte sich die Byk Gulden-Forschung überhaupt keine Gastroforschung leisten. Dieses Forschungsfeld war von den Pharmagiganten besetzt und die kleine Firma Byk Gulden könne sich einfach nicht dagegen durchsetzen. Dennoch gelang es der chemischen Forschung schon nach kurzer Zeit, Erfolge vorzuweisen, die sich später jedoch als Pseudoerfolge herausstellten, denn die typischen Nebenwirkungen der Anticholinergika waren geblieben.

Erst viel später zeigte sich, dass die Entwicklung von Pantoprazol durch die Beschäftigung mit den Anticholinergika entscheidend befruchtet worden war. Die Forscher konnten mit bedeutenden Gastroenterologen in Kontakt treten und klinische Erfahrung auf dem gastroenterologischen Gebiet sammeln. Das Anticholinergika-Programm war so zum Einstieg und zum Steigbügelhalter für die nachfolgende neue Protonenpumpenhemmer-Forschung geworden.

Timoprazol: Eine neue Ära der Magen-Darm-Behandlung beginnt

Der Erfindung und Entwicklung von Timoprazol bei Hässle ging eine lange Zeit der Beschäftigung mit Blockern des Hormons Gastrin voraus. Gastrin bewirkt eine natürliche Steigerung des Säureausstoßes. Um diesen zu verhindern, suchte man Stoffe, die in die Bindungsstelle von Gastrin hineinpassen, um damit seine Fähigkeit für die Säurestimulation zu unterbinden. Diese Forschungsrichtung führte nicht zum erwünschten Erfolg. Maßgebliche Stimmen in der schwedischen Firma waren für die Beendigung des Säureprojekts. Es musste ein „Restart" des gesamten Programms erfolgen, wollte man innovativ und eigenständig weitermachen.

Glücklicherweise kam durch einen am Säureprojekt nicht beteiligten Pharmakologen von Hässle ein entscheidender Hinweis. Diesen hatte er bei einer Tagung 1972 in Budapest erhalten. In seinem Tagungsbericht erwähnte er einen Vortrag, den ein Mitarbeiter der französischen Firma Servier gehalten hatte. Er diskutierte die Eigenschaften der Verbindung CMN131, die offensichtlich die Produktion von Magensäure hemmen konnte, die aber zu toxisch war, um sie am Menschen prüfen zu können.

Der Projektleiter des Säureprojekts bei Hässle war von der neuen Spur begeistert und konnte beim Management erreichen, dass zeitweise zwölf Chemiker auf dem Projekt arbeiten konnten. Sie variierten CMN131 praktisch an allen Ecken und Enden und stießen tatsächlich noch 1972 auf einen Stoff, der in nie dagewesener Weise die Magensäureproduktion in operierten Hunden hemmen konnte. Misslich war nur, dass gerade dieser Stoff schon von einer ungarischen Firma für die Verwendung gegen Tuberkulose patentiert worden war. Als einige Hässle-Manager 1974 in Budapest vorstellig wurden, um einen Deal auszuhandeln, wurden sie von einem Funktionär der staatlichen Behörde Medimpex, die während des Kalten Kriegs für alle Pharmaangelegenheiten mit dem Ausland zuständig war, recht arrogant behandelt. Erst ließ er sie zweieinhalb Stunden warten und forderte hohe Beträge im Falle eines Abkommens. Anderntags musste er allerdings kleinlaut zugeben, dass man die vorgeschriebenen Patentgebühren nicht entrichtet und deshalb den Patentschutz verloren hatte. Da das Patent aber veröffentlicht worden war, konnte Hässle mit den beschriebenen Substanzen nichts mehr anfangen, denn sie galten als nicht mehr neu.

Die Schweden gaben nicht auf, denn die Verbindung war derart wirksam, dass man sie nicht einfach beiseitelegen konnte. Es war ein großes Glück, dass sich die amerikanische Firma Abbott seit 1970 an dem Säureprojekt finanziell beteiligte. Diese reiche Firma mit ihren modernen Analysegeräten konnte schnell feststellen, dass die hochwirksame Verbindung im Blut der Testtiere nach der Gabe unverzüglich umgewandelt wird. Der ursprünglichen Verbindung wurde ein Sauerstoffatom an ihr Schwefelatom angeheftet – ein sogenanntes Sulfoxid entstand. Rührte die gute Wirkung möglicherweise von diesem Oxidationsprodukt her? Die Chemiker stellten das Oxidationsprodukt im Februar 1974 separat her. Das Ergebnis der nachfolgenden Testung in einem Hundemodell war sensationell: Eine bemerkenswert wirksame Verbindung, nämlich Timoprazol, das Muttermolekül aller Prazole, war entstanden. Mit diesem Tiermodell konnte man die Magensäure direkt über einen dünnen Schlauch ableiten und messen. Auffallend und neu war, dass mit Timoprazol eine Hemmung der Säuresekretion mit allen verfügbaren Stimulatoren erreicht werden konnte. Das stand ganz im Gegensatz zu den H2-Blockern, die nur die Stimulation der Säuresekretion durch Histamin verhindern konnten. Dafür gab es keine Erklärung. Was war das Besondere an dieser Substanz?

Die Entdeckung der Säurepumpe (Protonenpumpe) des Magens

Jetzt kam den Forschern bei Hässle eine besondere Entdeckung zur Hilfe, mit der die erstaunliche Wirkung von Timoprazol erklärt werden konnte. John Forte und George Sachs publizierten 1977 gleichzeitig und unabhängig voneinander die Entdeckung eines neuen Enzyms in den Belegzellen, in denen die Magensäure gebildet wird. Dieses Enzym wird Protonenpumpe genannt. Die Protonenpumpe fördert Protonen (Säureionen) in den Magen. Sie arbeitet ähnlich wie z. B. die Pumpen für Calcium oder Natrium. Pumpen gibt es in fast allen Zellen des menschlichen Körpers. Sie sind bei der Regulierung des Ionenhaushalts von Zellen notwendig. Im Gegenzug zu den Protonen werden bei der Protonenpumpe Kaliumionen in das Zellinnere zurückgepumpt. Für den großen Energieaufwand wird der „Biotreibstoff" Adenosintriphosphat (ATP) benutzt. Deswegen wird die Pumpe Kalium-Wasserstoff-ATPase genannt (s.a. Teil 1). Forte und Sachs fanden schon früh, dass die Protonenpumpe nur in der stark sauren Umgebung, in den Belegzellen des Magens, vorkommt.

Timoprazol kann die neu entdeckte Protonenpumpe des Magens hemmen

Bei einem Symposium, das Hässle im Sommer 1977 ausrichtete, wurde nach einem Vortrag von Sachs in einer angeregten Diskussion die Vermutung geäußert, dass Timoprazol diese Protonenpumpe hemmen könne. Dies war eine faszinierende Hypothese, denn man hatte eben gelernt, dass die Protonenpumpe bei allen Stimulatoren der Magensäure – Histamin, Acetylcholin und Gastrin – gleichermaßen für die Ansäuerung des Mageninhalts sorgt. Damit war auch verständlich, dass mit diesem Typ von Säurehemmer eine ganz profunde

Hemmung der Magensäure bei Menschen möglich war. Diese Erkenntnis war für die Forscher von Hässle eine große Triebkraft, die für die Lösung der kommenden Probleme nötig war. So konnte die Wirkung der H2-Blocker übertroffen werden.

Das Wissen um die Wirkweise von Timoprazol wurde von den Hässle-Forschern 1981 veröffentlicht. Timoprazol selbst konnte nicht in Menschen geprüft werden, da es in Sicherheitsuntersuchungen Veränderungen der Schilddrüse zeigte. Timoprazol, die Leitstruktur aller Prazole, musste noch verbessert werden.

Byk Gulden beginnt mit der Synthese von Protonenpumpenhemmern (ab 1980)

Zum Zeitpunkt der Erfindung und Patentierung von Omeprazol steckte die Anticholinergika-Forschung bei Byk Gulden in einer Sackgasse. Es wurden zwar hochwirksame Säurehemmer dieser Klasse gefunden, doch im gleichen Maße nahmen auch die typischen Nebenwirkungen zu. Das therapeutische Fenster – der Abstand zwischen Wirkung und Nebenwirkung – blieb weiterhin zu eng. Außerdem wurde Cimetidin 1976 von Tag zu Tag beliebter und entwickelte sich zu einem riesigen Markterfolg. Bei ihm traten keine Sehstörungen und keine Mundtrockenheit auf. Dazu besaß es auch eine gute Wirksamkeit bei Nacht.

Um aus dem Misserfolg der Anticholinergika-Forschung herauszukommen, wurde die Patentabteilung 1979 beauftragt, eine umfassende Literatur- und Patentsuche über neue unbekannte chemische Verbindungen mit nachgewiesener Antiulkuswirkung zu starten. Dabei stieß man erstmals, neben drei weiteren Patenten, auf ein Patent der schwedischen Firma Hässle. Ihre beanspruchten Moleküle waren einfach herzustellen und sollten deshalb bevorzugt studiert werden. Die einfachste chemische Verbindung – das oben schon erwähnte Timoprazol – war schnell bereitgestellt und Byk Gulden begann mit der Testung in der pharmakologischen Abteilung. Dort war man sofort von der Stärke der Säurehemmung begeistert. So etwas hatte man noch nie gesehen! Auch die lange Dauer der Hemmung war außergewöhnlich. Die Daten wurden mit dem hauseigenen Testmodell, der modifizierten Shay-Ratte, erhoben. Es wurde die durch eine hohe Dosis Aspirin ausgelöste Schädigung der Magenwand gemessen. Über welchen Mechanismus die gute Wirkung zustande kam, war im Jahr 1979 noch unbekannt.

Bald wurden aber die Unzulänglichkeiten dieser neuen Substanz erkannt. Es war die hohe Instabilität von Timoprazol, die den Chemikern sofort ins Auge stach. Wurde es in Lösung gebracht, verfärbte sich diese sehr schnell in Gelb und bald in Rot und rote Zersetzungsprodukte flockten aus. Es waren undefinierte und möglicherweise toxische Zersetzungsprodukte. Es erschien zweifelhaft, wie aus einem solchen Stoff jemals ein Medikament entstehen konnte. Wollte man auf diesem Gebiet arbeiten, musste man diese Instabilität wegoptimieren. Teilweise gelang dies den Forschern von Hässle erst einige Jahre später mit der Erfindung von Omeprazol. Mit seiner Zulassung im Jahr 1989 wurde es zum Goldstandard der Arzneimittelklasse der Protonenpumpenhemmer.

Auch die lange Wirkungsdauer aller Protonenpumpenhemmer war von Anfang an verdächtig. Wie würde sich in Menschen die langanhaltende Säurehemmung auswirken? Würde es zu bakteriellen Überwucherungen im Magen und Darm kommen?

Schließlich blieb auch offen, ob es zu Gegenreaktionen durch vermehrte Ausschüttungen von Gastrin kommen würde. Dieses hat im Normalfall die Aufgabe, einer eingeschränkten Magensäureproduktion entgegenzuwirken. Was war überhaupt die Ursache der langen Wirkung? Im Regelfall wirken Medikamente, solange die Wirkstoffe im Blut zirkulieren. So auch die erwähnten Antihistaminika. Bei Timoprazol wurde bald gefunden, dass es in Tieren sehr schnell aus dem Blut verschwindet, dass seine Wirkung aber noch Stunden nach der Gabe anhielt. Die Vermutung, dass es sich um eine irreversible Wirkung handelte, wurde warnend geäußert. Diese Art der Wirkung würde sicher zu toxischen Nebenwirkungen führen. Wie konnten alle diese widersprüchlichen Befunde erklärt werden und wie konnte man Klarheit darüber bekommen?

Erste Protonenpumpenhemmer bei Byk Gulden (1980-1984)

Um Klarheit zu all den Fragen zu bekommen, hatte die chemische Forschungsleitung schon früh die Hilfe von externen Beratern gesucht. Einer davon bezeichnete Timoprazol als ganz „heißes Eisen" und riet Ende 1979 in dieses neue Gebiet einzusteigen. Man beschloss, mit zwei Syntheselaboratorien stabilere und wirksamere Moleküle zu finden. Picoprazol von Hässle war zu diesem Zeitpunkt der neueste Stand der Technik. Bei Byk Gulden hatte ein findiger junger Synthesechemiker entdeckt, dass es Hässle bisher versäumt hatte, Fluor in ihre Moleküle einzubauen. Aus dieser Patentlücke entstanden zwei neue Patentanmeldungen, in denen sehr wirksame und etwas stabilere Moleküle angemeldet werden konnten. Dabei kam dem Chemiker ein neues Patent von Hässle zu Hilfe (EP 5 129). Dieses schloss auch Omeprazol mit ein, ohne es besonders hervorzuheben. Der spätere Blockbuster Omeprazol wurde bei Hässle Anfang Januar 1979 erstmals hergestellt.

Mit dem neuen Patent von Hässle wurde der Stand der Technik bedeutend hochgeschraubt, denn die angemeldeten neuen Moleküle waren etwas stabiler und gleichzeitig wirksamer als die bisher angemeldeten. Byk Gulden berücksichtigte in seinen ersten beiden Patentanmeldungen vom November 1981 bereits die Fortschritte des Hässle-Patents.

Hieraus gingen zwei Projektsubstanzen hervor. Im direkten Vergleich waren beide in Byk Guldens Testmodell dem Omeprazol in der Wirkung überlegen. Beide erlangten Anfang 1984 den Projektstatus, und man setzte große Hoffnungen auf sie und war bereit, beträchtliche Ressourcen dafür einzusetzen.

Mit der Entwicklung beider Substanzen begann ein schmerzlicher Lernprozess, der die Voraussetzung für die Auswahl und Entwicklung von Pantoprazol war. So musste man neue Verfahren für die Herstellung des empfindlichen Moleküls entwickeln, um größere Mengen davon zu produzieren. Es war immer noch nicht verständlich, wie die Protonenpumpenhemmer eigentlich ihre Wirkung entfalteten, und welche Rolle spielte dabei die erwähnte Instabilität für die Wirksamkeit der Moleküle? Um für den Fall des Scheiterns der Projektsubstanzen gewappnet zu sein, wurden potentielle Nachfolgesubstanzen von inzwischen vier Syntheselabors hergestellt. Bald änderte sich für die Forscher die Situation grundlegend, als mit den Entwicklungssubstanzen und den Patenten das Interesse der amerikanisch-englischen Firma SK&F für eine Zusammenarbeit geweckt wurde.

Die Weltfirma SK&F interessiert sich für die Protonenpumpenhemmer von Byk Gulden (ab 1984)

Die alte Weisheit, dass „das Bessere des Guten Feind" ist, musste der neue Vizepräsident für Forschung und Entwicklung bei SK&F, ab Anfang der 1980er Jahre schmerzlich erleben. Er war 1970 nach seinem Studium der Pharmakologie, mit Schwerpunkt Neurologie, an der Universität Bristol, England, in die Firma eingetreten. Seinen schnellen Aufstieg verdankte er nicht nur seinem exzellenten Studienabschluss, sondern vielmehr der erfolgreichen Entwicklung von Cimetidin, dessen Vermarktung er entscheidend vorantrieb. Im Zuge der großen Euphorie, die der breiten Markteinführung von Cimetidin folgte, waren jedoch auch einige Unzulänglichkeiten dieses Pionier-Arzneimittels bekannt geworden. So wurde bei manchen Männern die Entwicklung eines ungewöhnlichen Busens (Gynäkomastie) beobachtet, der sich zwar nach Absetzen des Medikaments wieder zurückentwickelte. Diese Nebenwirkung führte dazu, dass viele Ärzte das Medikament für längere Anwendungen nicht mehr verschreiben wollten. Viel schlimmer war jedoch eine weitere Nebenwirkung: Cimetidin beeinflusste andere, gleichzeitig eingenommene Arzneimittel. Die Fachleute sprechen von einer metabolischen Arzneimittel-Interaktion, die zu gefährlichen Situationen führen kann. Genau diese Unzulänglichkeiten wollten die Forscher bei SK&F eliminieren und hatten trotz allen Bemühens keinen Erfolg. Es gelang zwar, noch wirksamere Verbindungen herzustellen, die auch keine gefährlichen Arzneimittel-Interaktionen mehr besaßen. Dafür stieß man jetzt auf neue toxikologische Probleme, die unüberwindbar waren und die Anwendung in Menschen nicht erlaubten. Es war zum Verzweifeln!

Anders bei der Konkurrenzfirma Glaxo, die mit Ranitidin einen zehnfach stärkeren H2-Blocker entwickeln konnte, den sie ab 1981 unter dem Handelsnamen Zantac zugelassen bekamen. Mit Ranitidin gelang es fast ohne Nebenwirkungen, säurebedingte Geschwüre durch eine tägliche Gabe von 300 mg zur Abheilung zu bringen. Warum Darmgeschwüre auch nach vorübergehender Abheilung immer wieder auftraten, war zur damaligen Zeit unverständlich. Vom Magenbakterium Helicobacter pylori war noch nichts bekannt.

Bei SK&F hatte man den drohenden Abstieg von Cimetidin schon frühzeitig erkannt und nach Wegen und Mitteln gesucht, um ihn zu verhindern. Anfang der 1980er Jahre war klar, dass man komplett neue Wege beschreiten musste, um ein wirksameres Medikament als Ranitidin zu finden. Den Forschern bei SK&F war eine neue Entwicklung bei der kleinen schwedischen Firma Hässle zu Ohren gekommen, die vielleicht aus der Klemme führen konnte. Hässles neue Magensäureblocker konnten die Magensäureproduktion angeblich noch eindrucksvoller drosseln, als dies mit Cimetidin oder Ranitidin möglich war. Auch von der kleinen Pharmafirma in Konstanz, deren erste Patentanmeldungen 1983 veröffentlicht wurden, hatten sie gehört. Stellten deren beanspruchte Produkte eine Chance dar, die Wirksamkeit von Ranitidin zu übertreffen? Wie war es um ihre Verträglichkeit bestellt? Bei SK&F saß der Ranitidin-Schock immer noch tief! Aber ein Versuch war es allemal wert, in Konstanz vorbeizuschauen und sich zu informieren. Vielleicht konnte man sich damit die Zentrale in Philadelphia vorübergehend vom Halse halten. Ein kurzes Telefonat mit dem Leiter der Lizenzabteilung bei SK&F würde alle Fragen schnell beantworten. Schon im Frühjahr 1984 wurde ein erstes Treffen mit der Lizenzabteilung von Byk Gulden arrangiert und zuvor eine Entwurf einer Absichtserklärung für eine Zusammenarbeit verschickt.

In Byk Guldens Forschung freute man sich riesig und fühlte sich geehrt, dass sich eine derart erfolgreiche Firma um eine

Zusammenarbeit bemühte. Für die gebeutelte Forschungsabteilung von Byk Gulden, die in den letzten Jahren keine vorzeigbaren Ergebnisse mehr erzielen konnte, war die Aussicht auf eine Abschlagszahlung Balsam auf die offene Wunde der Erfolgslosigkeit. In manchen Abteilungen der Firma hatte man die Forschung nur noch als bloßen Kostenverursacher angesehen. Diese Stimmen verstummten jetzt für einige Zeit. Das erste Geld stand für die Vertragsunterzeichnung im Spätsommer 1984 in Aussicht. Weitere Abschlagszahlungen waren an vereinbarte Projektfortschritte wie den Abschluss von präklinischen oder klinischen Phasen geknüpft.

Der Vertrag für eine Zusammenarbeit kommt zustande (Sommer 1984)

Für SK&F waren Vertragsverhandlungen, auch über komplexe Forschungskooperationen, Routine. Zuerst mussten die Partner jeweils ihren Stand des Wissens offenlegen und schriftlich fixieren. Ferner mussten für den Erfolgsfall die Lizenzsätze für die Vermarktung sowie die Rechte für die einzelnen Länder festgelegt werden. Auch die Konditionen für die Beendigung einer Zusammenarbeit waren essentielle Einzelheiten, die unabdingbar für einen guten Vertrag waren.

Die Vertragsunterzeichnung für die Zusammenarbeit der beiden Firmen ging im Spätsommer 1984 über die Bühne, nachdem alle Dokumente über die schon vorhandenen 400 Substanzen bei Byk Gulden aus knapp vier Jahren Forschung erstellt worden waren. Die Chemiker bei Byk Gulden verbrachten in den heißen Sommermonaten 1984 fast ihre gesamte Zeit mit dem Zeichnen von chemischen Formeln von Hand und mit Schablone. Zeichenprogramme gab es noch nicht. Lange Listen mit den dazugehörigen Daten und Testergebnissen waren per Schreibmaschine von den Sekretariaten der pharmakologischen Abteilungen zu dokumentieren und zu prüfen. Alle Beteiligten waren mit großem Eifer und Einsatz dabei und gaben ihr Bestes, denn alle hatten das Gefühl, an einer großen und bedeutenden Sache mitzuarbeiten.

Eine andere Regelung betraf das neu generierte Wissen, das nach Vertragsunterzeichnung erlangt wurde. Es wurde als sogenanntes „Gemeinsames Wissen" (joint knowledge) bezeichnet und führte zu geringeren Lizenzsätzen, die die englische Firma an Byk Gulden im Erfolgsfall zu zahlen hatte. Um genau unterscheiden zu können, in welche Kategorie eine neue Entwicklungssubstanz fallen würde, war es wichtig, deren Herkunft genau zu definieren. Man hatte sich darauf verständigt, dass auch unmittelbar konkret geplante und noch nicht vollendete Vorhaben bei beiden Firmen zum Besitzstand der jeweiligen Firma gehören sollten. Entgegen den sonst üblichen Gepflogenheiten wurden jetzt auch relativ wenig wirksame Substanzen zum Patent angemeldet. Wie bei Patentanmeldungen üblich, konnte man den Umfang der Anmeldung auch auf Substanzen ausdehnen, die noch nicht existierten. Sie mussten aber binnen Jahresfrist hergestellt und samt Eigenschaften nachgereicht werden. Diese Regelung führte zu einem entscheidenden Glücksfall für Byk Gulden und Pantoprazol.

Anfang November 1984 war alles so weit fixiert, dass ein erstes Treffen der Forschungsabteilungen in Konstanz stattfinden konnte. Der Forschungsleiter von SK&F hatte sich alle Namen der Vortragenden der ersten gemeinsamen Sitzung geben lassen und den Teilnehmern Ledermappen, auf die ihre Namen in Goldlettern aufgedruckt waren, persönlich überreicht. Das waren Gesten, die man in der Forschungsabteilung bei Byk Gulden noch nicht kannte. In Konstanz ging gerade eine Welle mit Appellen zum Sparen durch die Firma. Dieses freundliche Zeichen tat deshalb umso mehr seine gewollte Wirkung und eine faire und fruchtbare Zusammenarbeit begann.

Der Forschungsleiter von SK&F legte in der ersten Sitzung in aller Ausführlichkeit dar, welche Bedeutung er dieser Zusammenarbeit beimaß, und formulierte klar seine Zielvorstellungen für das Projekt und die Wege, wie diese Ziele erreicht werden sollten. Oberstes Ziel für ihn war die schnelle Entwicklung eines hochwirksamen Säureblockers in flüssiger Form für Injektionen. Dieses neue Medikament müsse frei von metabolischen Arzneimittel-Wechselwirkungen sein. Diese Forderungen hatten weitreichende Konsequenzen für die Pantoprazol-Entwicklung.

Pantoprazol entsteht und wird zunächst nicht beachtet

Noch vor der Vertragsunterzeichnung mit SK&F ging vom Leiter der medizinisch-chemischen Forschung bei Byk Gulden der dringende Appell aus, alle Daten der bisher hergestellten knapp 400 Substanzen auf Patentfähigkeit zu durchforsten. Dieser Appell erreichte auch einen jungen Laborleiter dessen Aufgabe es war, für alle übrigen neun chemischen Laboratorien ihre aussichtsreichen Projektsubstanzen bis in den Kilomaßstab herzustellen. Mit dieser Aufgabe kam er zwangsläufig mit allen synthetisch-chemischen Problemen der aktuellen chemischen Forschung in Kontakt. So auch beim Auftrag für die Herstellung der zweiten Projektsubstanz. Bei ihrer Herstellung fiel ihm ein Nebenprodukt in beträchtlicher Menge in die Hände. Dieses konnte er für die Synthese neuer ähnlicher Moleküle verwenden. Für diese zusätzliche Beschäftigung hatte er sich die Erlaubnis seiner Vorgesetzten eingeholt, denn er gehörte nicht dem Programmteam Gastroenterologie an. Die neuen Moleküle waren nicht sonderlich wirksam, fielen aber durch ihre etwas erhöhte Stabilität auf. Außerdem unterschieden sich die Moleküle deutlich in ihrer Struktur von den bisherigen Molekülen in dieser Substanzklasse, denn sie besaßen zusätzlich eine zweite Methoxi-Gruppe im Pyridin-Teil. Weisungsgemäß sollten auch Substanzen mit geringerer Wirkung als Patent angemeldet werden, um sie unzweideutig für Byk Gulden zu sichern. Zurückziehen konnte man diese Anmeldung immer noch.

In einer ersten Besprechung mit dem zuständigen Sachbearbeiter in der Patentabteilung wurden die 17 bereits vorhandenen Verbindungen mit ihren Daten aufgelistet und dokumentiert. Alles sah nicht sonderlich erfolgversprechend aus. Es mussten noch dringend wirksamere Moleküle des neuen Typs gefunden werden. Deshalb schlug der Patentsachbearbeiter vor, neue analoge Moleküle herzustellen in denen die zusätzliche Methoxi-Gruppe sich in Position 3 statt in Position 5 befinden sollten. Es war Eile geboten, denn die neuen Substanzen mussten samt ihrer Daten spätesten in einem Jahr für die Nachanmeldung vorliegen.

Im neuen Entwurf war Pantoprazol, neben einigen anderen Substanzen, erstmals mit dem exakten chemischen Namen benannt worden. Dies war extrem wichtig und sollte sich später als entscheidend herausstellen, denn seine explizite Nennung in der innersten Schale der Erstanmeldung (Prioritätsanmeldung) sicherte ihm den stärksten Patentschutz.

Schon ein paar Tage später wurde der Brief mit der Patentanmeldung per Einschreiben an das Eidgenössische Patentamt in Bern, Schweiz, in der Hauptpost in Kreuzlingen, der schweizerischen Nachbarstadt von Konstanz, eingereicht. Einen Tag später, am 15. Juni 1984, traf der Brief in Bern ein. Ab diesem Tag begann die Uhr für die Herstellung von Pantoprazol unerbittlich zu ticken. Nicht einmal ein Jahr blieb, um einen neuen Syntheseweg zu finden, denn die Testdaten mussten noch in die Patentanmeldung aufgenommen werden, was zusätzlichen zeitlichen Vorlauf erforderte. Dem jungen Laborleiter bereitete die Herstellung des neuen Pyridinteils große Mühe. Dagegen wurde ihm die zweite Komponente, die das entscheidende Fluor – in Form der Difluormethoxi -Gruppe, vom Gastroarbeitsteam zur Verfügung gestellt wurde. Es entbehrte nicht einer gewissen Ironie, dass eine Arbeitsgruppe bei SK&F, die nicht mit der Zusammenarbeit mit Byk Gulden befasst war, den so dringend benötigten Baustein kurz zuvor in einer Patentanmeldung publiziert und seine Herstellung sogar sehr genau beschrieben hatte. Allein davon drang nichts nach Konstanz und vor allem nicht in das Labordes Laborleiters. Die betreffende Literaturstelle blieb ihm verborgen, denn zur damaligen Zeit waren Literatur- und Patentrecherchen in externen chemischen Datenbanken eine aufwendige und teure Angelegenheit. Schon die Leitungskosten nach Columbus, Ohio, wo sich die größte Chemiedatenbank befand, kosteten schnell mehrere tausend Mark. Solche Recherchen wurden bei Byk Gulden nur in den seltensten Fällen durchgeführt. Schon gar nicht in Zeiten größter Sparsamkeit.

Endlich gelang im Frühjahr 1985 der Durchbruch. Die ersten Gramm-Mengen des erforderlichen Bausteins konnten hergestellt und für die Weiterverarbeitung eingesetzt werden, so dass alle Daten rechtzeitig vor Ablauf der Einjahresfrist am 15. Juni 1985 dem schweizerischen Patentamt übermittelt werden konnten. Von allen angemeldeten Molekülen war Pantoprazol eines der wirksamsten.

Byk Guldens Patentfachmann hatte eine glänzende Leistung vollbracht. Zum einen mit seinem Vorschlag zur Ergänzung der Anmeldung und zum anderen mit seinem Drängen zur Eile, denn andernfalls hätte Byk Gulden ein sogenanntes Neuheitsproblem bekommen können. Die erwähnte entscheidende Fluor-Komponente wurde von der Firma schon in einem anderen Patent vorher benutzt. Durch eine Veröffentlichung dieses Patents vor der Einreichung des Pantoprazol-Patents wäre die Fluor-Komponente nicht mehr neu gewesen. Es ging sehr eng zu, deshalb musste die Anmeldung im Juni 1985 eingereicht werden. SK&F hatte Pantoprazol indirekt in zweifacher Weise geholfen: Durch die niedrigere Schwelle für die Einreichung der Patentanmeldung und durch die Eile für die Einreichung.

Gegenüber anderen Projektsubstanzen hatte Pantoprazol eine etwas geringere Wirkung, was dazu führte dazu, dass diese neuen Substanzen zunächst unbeachtet in einem Chemikalienschrank verschwanden. Pantoprazols Dornröschenschlaf begann und sollte fast noch eineinhalb Jahre währen.

Die Aufklärung des Wirkungsmechanismus der Protonenpumpenhemmer: Sie müssen erst durch Säure aktiviert werden (1984)

Als ein junger Byk-Gulden-Biochemiker im April 1984 von einem sechsmonatigen Forschungsaufenthalt bei der Arbeitsgruppe von George Sachs am West Los Angeles VA Medical Center zurückkehrte, kam Bewegung in die Bemühungen zum Verständnis über die Wirkweise der neuen Säurehemmer, die man bisher in den chemischen Laboratorien bei Byk Gulden hergestellt hatte. Er hatte dort gelernt, wie man aus Schweinemägen die säureproduzierenden Belegzellen isolieren, reinigen und für in-vitro-Testmodelle einsetzbar machen konnte. Man wollte damit die Anzahl von Tieren einsparen.

Seit Hässles epochaler Publikation über die Hemmung der Protonenpumpe durch Timoprazol (1981) hatte in vielen Firmen die Suche nach einem Verständnis des chemischen Wirkmechanismus begonnen. Ein wahrer Wettlauf um die Aufklärung setzte ein und führte oft zu vorschnellen Schlussfolgerungen. Auch bei Byk Gulden glaubte man lange, dass gewisse rot gefärbte Umlagerungsprodukte, die durch Säure gebildet wurden, die Wirkung bewerkstelligen würden. Die Aufklärung gestaltete sich sehr schwierig, da noch viele andere kurzlebige Zersetzungsprodukte, ein wahrer Substanzcocktail, mit wässriger Säure gebildet wurden. Arbeitete man jedoch in Methanol, so wie in Sachs' Labor, wurde der Cocktail übersichtlicher und wirksamer. Wurde noch eine spezielle Säure (HBF_4) statt gewöhnlicher Salzsäure verwendet, erhielt man stabile Bedingungen. Es gelang sogar überraschenderweise Kristalle zu gewinnen. Ließ man dem Reaktionssystem eine Woche bei minus 20 Grad Celsius im Kühlschrank Zeit, bildeten sich sogar Einkristalle. Diese stellten sich als das „Aktive Prinzip" der Protonenpumpenhemmer heraus. Die exakte chemische Struktur des Aktiven Prinzips wurde an der Universität Konstanz mittels Röntgenstrukturanalyse an Einkristallen vermessen.

Warum nicht gleich das Aktive Prinzip als Medikament einsetzen? Man kann es leicht unter speziellen Bedingungen herstellen und in trockener Form lange Zeit lagern. Eine solche Verwendung wäre jedoch fatal: In wässriger Lösung ist es äußerst instabil und sehr reaktiv. Auf dem Weg zur Belegzelle wäre keine Schwefel-Gruppe (Thiol) vor ihm sicher und man müsste toxische Wirkungen erwarten. Das Aktive Prinzip darf nur im sauren Teil der Belegzelle entstehen. Protonenpumpenhemmer müssen unversehrt dorthin kommen, um durch die dort reichlich vorhandene Säure aktiviert zu werden, die Säurepumpen zu inaktivieren und sonst kein Unheil anzurichten.

Pantoprazol wird zum
Entwicklungskandidaten erkoren (1986)

Die ersten beiden ersten Projektsubstanzen befanden sich in der fortgeschrittenen präklinischen Entwicklungsphase, als die Zusammenarbeit mit SK&F begann. Sie sollten bald die klinische Phase I erreichen, das heißt erstmals Menschen verabreicht werden. Die dazu vorgeschriebenen Sicherheitsstudien ergaben enttäuschende Befunde, die zur Einstellung der Entwicklung führten. Es waren Veränderungen in der Schilddrüse der behandelten Tiere festgestellt worden. Die zweite Projektsubstanz erreichte zwar die klinische Phase I, erwies sich jedoch als zu wenig wirksam. Bei einem weiteren Entwicklungskandidaten wurden wiederum Schilddrüsenprobleme in Ratten nach Mehrfachgabe beobachtet. Schließlich wurden bei Kandidat Nummer vier Entzündungen in den Arterien von Testhunden bei hohen Dosierungen gefunden. Auch diese Befunde schlossen eine Anwendung am Menschen aus.

Schon Ende 1985 war klar, dass die Chancen auf eine erfolgreiche Entwicklung eines neuen Säurehemmers, der es mit Omeprazol aufnehmen konnte, dahinschwanden. Auch der anfängliche Elan, der durch die Zusammenarbeit mit SK&F ausgelöst wurde, war verschwunden. SK&F hatte inzwischen die eigene Synthese von Kandidatensubstanzen intensiviert, und es entwickelte sich langsam eine Konkurrenz im Wettlauf nach einem aussichtsreichen Entwicklungskandidaten zwischen den Teams von SK&F und Byk Gulden. Alle Entwicklungen scheiterten immer an der Toxizität in den Testtieren, wenn diese über Wochen und Monate mit den Kandidatensubstanzen behandelt wurden. Es begann eine nervöse Zeit des Hoffens und Bangens. Auch die Kritiker in den eigenen Reihen von Byk Gulden meldeten sich wieder und wieder zu Wort. Waren die Instabilitäten der Substanzen die Ursachen der Toxizitätsprobleme? War der Vorwurf „Dirty Drug" doch zutreffend? Keine der bisher untersuchten Substanzen war annähernd so stabil wie die Konkurrenzsubstanz Omeprazol, an der sie gemessen werden musste. Wie konnte man gleichziehen oder Omeprazol übertreffen?

Nach intensiven Diskussionen war man sich einig, dass bei der zukünftigen Auswahl eines Kandidaten anders vorgegangen werden musste. Bisher basierten die Vorschläge auf den Messergebnissen nach Einmalgabe einer Substanz. Man hatte keinerlei Anhaltspunkte für die Toxizität einer Substanz, wenn wiederholt appliziert wurde. Einmalgaben erweckten oft den Eindruck guter Verträglichkeiten. Dadurch verlor man viel Zeit und musste viele Tiere sinnlos opfern. Annähernd 550 Substanzen wurden neu in einer Vorauswahl gesichtet und klassifiziert. Es sollten sechs ganz unterschiedliche Substanzen aus der Vorauswahl in einem vierwöchigen Screening mit wenigen Ratten, denen eine niedrige und eine sehr hohe Testdosis appliziert wurden, verglichen werden. Man war der Meinung, mit einem solchen Toxizitäts-Screening allfällige Probleme frühzeitig zu erkennen und so den besten Kandidaten für eine Weiterentwicklung zu finden.

Eine Substanz war die Verbindung B8510-29 (später Pantoprazol), die sich als wirksamste Substanz aus der neuen Gruppe von relativ stabilen Substanzen erwiesen hatte. Die vorläufigen Ergebnisse des ungewöhnlichen Toxizitäts Screenings mit den zwei Dosen lagen Ende Februar 1986 vor. Eine endgültige Substanzauswahl sollte nach Fertigstellung der Forschungsberichte im Frühsommer 1986 vorgenommen werden. Die ausgewählte Substanz sollte auf der nächsten Forschungskonferenz, die in England geplant war, vorgestellt werden.

Nach welchen Kriterien sollte die Auswahl getroffen werden? Natürlich hatten die Befunde aus dem Toxizitäts-Screening die höchste Bedeutung. Probleme hierin konnten das Aus für eine Substanz bedeuten. Weitere Aspekte für die Auswahl waren die Löslichkeit und die Stabilität in Lösung. Beides sind wichtige Kriterien für die Herstellung einer flüssigen Form. Die Chemiker bei SK&F hatten zwischenzeitlich eine stabile und wirksame Verbindung (SKF 95601) gefunden, die jedoch eine unbrauchbar niedrige Löslichkeit hatte und deshalb nicht für eine weitere Entwicklung in Frage kam. Ein erfolgreicher Kandidat durfte die Natrium-Kalium-Pumpe nicht hemmen, denn diese Pumpen sind praktisch in allen menschlichen Zellen vorhanden und eine Hemmung dieser Pumpen führt zur Unverträglichkeit und Toxizität.

Als äußerst wichtig wurde das Problem der Wechselwirkung mit anderen Medikamenten (Komedikamenten) angesehen und entsprechend sorgfältig untersucht. Entsprechende Messverfahren waren bei SK&F bereits etabliert und lieferten valide Daten. Das Potential für unerwünschte Wechselwirkungen konnte so bereits früh abgeschätzt werden.

Alle Daten, die akribisch verglichen und bewertet wurden, sprachen für Pantoprazol. Mit dieser Substanz, die zwar etwas weniger wirksam war als die bisherigen vier Projektsubstanzen, durfte man hoffen, weiterzukommen. Ihre Wirksamkeit im Testmodell der modifizierten Shay-Ratte war höher als die von Omeprazol. So erwachte Pantoprazol schließlich aus seinem Dornröschenschlaf und wurde im November 1986 vom gemeinsamen Managementteam der beiden Firmen zum Projektkandidaten erkoren. Mehr als 600 Substanzen hatten vorher hergestellt werden müssen. Nun sollte endlich nach vier erfolglosen Projekten der Durchbruch gelingen. Die notwendigen Kapazitäten und Ressourcen in den beiden Firmen wurden bereitgestellt und koordiniert. Die Begeisterung und Erleichterung war insbesondere bei der Byk-Gulden-Mannschaft groß. Jetzt hatten alle Aktivitäten für Pantoprazol erste Priorität. Gemeinsames Ziel war es, Pantoprazol möglichst schnell intravenös in Menschen zu applizieren. Dann würde sich zeigen, ob seine Wirksamkeit ausreichend war. Erst danach war die Entwicklung für die orale Anwendung geplant.

Dass Pantoprazol mit seinen früh erkannten positiven Eigenschaften schnell in der Klinik und bei Patienten landen würde, konnten nur die kühnsten Optimisten erwarten, denn unerwartete Klippen in der toxikologischen Prüfung in Tieren führten zu Verzögerungen und beinahe zum Absturz. Für Menschen entwickelte sich die Auswahl von Pantoprazol als Glücksgriff, der auf den Forschungsergebnissen der präklinischen Forschung basierte.

Kleiner Abstecher in die Sicherheitspharmakologie

Bevor ein neues Medikament erstmals in Menschen geprüft wird, muss eine Risikoprüfung des Medikaments in der für Menschen gewählten Applikationsart durchgeführt werden. Für die erste Anwendung in gesunden männlichen Probanden gelten besonders strenge Regeln und Vorschriften (Good Clinical Practice). Frauen sind aus Sicherheitsgründen von den Studien ausgeschlossen. Die entsprechenden Prüfungen, die dies garantieren sollen, sind, z. B. für Europa, in den Leitlinien der Europäischen Kommission festgeschrieben. Es werden umfangreiche Studien über die Schädlichkeit (Giftigkeit) und Verträglichkeit verlangt (Toxizitätsstudien). Die Untersuchungen werden mit Nagern, meist Ratten oder Mäusen, und Nichtnagern, wie Hunden, durchgeführt. Die Art der Substanzgabe orientiert sich an der geplanten Anwendung in Menschen (z. B. oral, intravenös). Alle Untersuchungen müssen nach den Regeln der Good Laboratory Practice durchgeführt werden.

Ein Ziel dieser Untersuchungen ist es, diejenige Dosis bei Tieren zu ermitteln, bei der noch keine unerwünschten Veränderungen beobachtet werden (No Adverse Effect Level, NOAEL). Die so ermittelte Dosis ergibt mit entsprechenden Sicherheitsabständen eine Orientierung für die Erstanwendung in Menschen. Am Anfang steht die Ermittlung der akuten Toxizität nach Einmalgabe. Daran schließen sich Untersuchungen mit wiederholten Gaben über zwei, vier Wochen, drei Monate und einem Jahr an. Danach steht die über zwei Jahre dauernde Untersuchung zur Ermittlung eventueller Karzinogenität an, die in zwei Tierarten durchgeführt werden muss. In den Studien müssen hohe Dosierungen eingesetzt werden, oft mehr als das Hundertfache der späteren Dosis in Menschen. Weiter müssen für die spätere Zulassung Untersuchungen zur Genotoxizität und zur Reproduktionstoxikologie vorgelegt werden.

Im Gegensatz zu den üblichen Tierversuchen für Forschungszwecke können die Tiere in den Sicherheitsstudien nicht narkotisiert werden. Die meisten Tiere in der Arzneimittelentwicklung werden für die vorgeschriebenen Sicherheitsuntersuchungen benötigt. Die Ergebnisse der Toxizitätsstudien sind oft nicht direkt auf die potentiellen Auswirkungen und Gefahren in Menschen übertragbar. Der Grund liegt meistens darin, dass die Abbau- und Ausscheidungswege bei Tieren und bei Menschen sehr unterschiedlich sein können. Am Anfang der Entwicklung von Pantoprazol gab es gravierende Abweichungen in Hunden und später in der zweijährigen Karzinogenitätsstudie in Ratten.

Ein gravierendes Toxizitätsproblem in Hunden gefährdet die Entwicklung von Pantoprazol

Dem Wunsch des Kooperationspartners SK&F entsprechend, wurde als erste Anwendung in Menschen eine flüssige Form für Injektionen entwickelt. Die hierfür notwendigen vierwöchigen Toxizitätsstudien nach intravenöser Gabe in Ratten und Hunden konnten ohne Probleme durchgeführt werden und erlaubten die erste Anwendung in Menschen.

Dramatisch verlief der Beginn der Entwicklung der oralen Form. Die vierwöchigen Toxizitätsstudien in Hunden wurden in England durchgeführt, da dort Kapazität zur Verfügung stand. Gleich zu Beginn der Untersuchungen mussten die englischen Toxikologen einen von fünf Hunden in der höchsten Dosierung einschläfern. Den anderen vier ging es vorübergehend sehr schlecht, aber sie überlebten und es ging ihnen später wieder gut.

Der Schock war riesig, da alles völlig überraschend kam, denn die bei Byk Gulden durchgeführte entsprechende intravenöse Studie in Hunden war ohne Probleme verlaufen. Auch die Dosishöhen waren ähnlich. Das war der Strohhalm, an den man sich klammern konnte. Aber was waren die Gründe für die total unterschiedlichen Verläufe? War es eine andere Hunderasse, die von den Engländern eingesetzt wurde? Es musste dringend eine stichhaltige Erklärung gefunden werden. Viele Mitarbeiter fürchteten schon um das Projekt und die gute und faire Zusammenarbeit zwischen den beiden Firmen.

Jetzt kam der Lösung des Problems der Erfahrungsschatz von SK&F zugute. Sie hatten auf dem Weg zur Entwicklung ihres Blockbusters Cimetidin die Substanz Metiamid in Entwicklung, bei der es ebenfalls Probleme in den Studien mit Hunden gab. Die Hunde litten auch in den ersten Tagen an Lungenproblemen. Wenn sie diese überstanden hatten, ging es ihnen wie in der Pantoprazolstudie gut. Die Ursache für die Probleme war eine Thioamid-Gruppe im Molekül von Metiamid. Diese Gruppe wird seither als suspekt angesehen und nicht mehr in Arzneimitteln verwendet. Da Pantoprazol jedoch keine Thioamid-Gruppe enthält, lag die Lösung des Problems nicht auf der Hand. Findige Forscher bei SK&F postulierten jedoch die Bildung von Thioamiden in den Hunden, was noch zu beweisen war. Hoffentlich bildeten sie sich nicht in Menschen! In den folgenden Wochen wurde mit den modernsten Messgeräten, von denen es bei der reichen Firma SK&F gleich mehrere gab, die Blutproben auch aus der intravenösen Hundestudie untersucht. Tatsächlich fand man in ihnen den toxischen Metaboliten, allerdings in viel niedrigeren Mengen als nach oraler Gabe, weshalb keine Auffälligkeiten gesehen wurden.

Die spannendste und wichtigste Frage konnte zunächst nicht beantwortet werden: Taucht dieses Abbauprodukt in Menschen ebenfalls auf? Falls ja, würde dies das Ende des Projekts bedeuten. Auch kleinste Mengen würden daran nichts ändern. Diese sicher nachzuweisen würde einen beträchtlichen analytischen Aufwand bedeuten.

Die intensive Beschäftigung mit dem Problem führte am Ende dazu, dass die Bildung des toxischen Metaboliten bei Menschen ausgeschlossen werden konnte. Hierbei kam den Forschern ein unerwarteter Zufall zu Hilfe, der weiter unten beschrieben wird.

Die klinische Phase beginnt: Erstmals in Menschen

Nach Abschluss aller vorgeschriebenen Sicherheitsuntersuchungen konnte im Spätherbst 1988 endlich die spannende Frage, wie Pantoprazol von Menschen vertragen wird, angegangen werden. Man hatte sich darauf geeinigt, dass die flüssige Darreichungsform bei Byk Gulden vorangetrieben werden sollte, während die Verantwortung für die Entwicklung der Tabletten bei SK&F lag und später beginnen sollte. Mit dem Vorziehen der Entwicklung der flüssigen Darreichungsform konnte man Zeit gewinnen, da keine langwierige galenische Entwicklung notwendig ist. Primäres Ziel von Phase-I-Studien ist es, Erkenntnisse über die Verträglichkeit und Sicherheit des neuen Medikaments in Probanden zu erhalten. Auch kann man die Verweildauer im Blut von Menschen und die Hemmung der Säuresekretion untersuchen. Diesen Ergebnissen wurde mit besonderem Interesse entgegengesehen, denn die Mitarbeiter der präklinischen Forschung wollten endlich die Antwort bekommen, ob das Tiermodell der modifizierten Shay-Ratte, das sie benutzten, auf Menschen übertragbare Resultate liefert.

Die Untersuchungen hatten dem gesetzlichen Regelwerk des deutschen Arzneimittelgesetzes und der Deklaration von Helsinki in klinischen Studien zu folgen. Beides dient der Sicherheit von Teilnehmern in klinischen Studien und der Einhaltung angemessener wissenschaftlicher Methoden. An den Untersuchungen beteiligten sich zwölf gesunde männliche Teilnehmer, die Pantoprazol per Injektion erhielten. Begonnen wurde mit der niedrigsten Dosis von 1 mg, die in kleinen Schritten bis 80 mg erhöht wurde. Die zwölf Freiwilligen wurden dazu in drei Gruppen unterteilt. Sie erhielten nach einer Woche Auswaschzeit die jeweils nächsthöhere Dosis.

Pantoprazol wurde von allen Probanden bestens vertragen. Begleitende Messungen von Blutdruck und Puls zeigten keine Abweichungen von den entsprechenden Werten vor der Behandlung. Für die Messung von Laborwerten als Teil der Sicherheitsuntersuchungen wurden Blutproben entnommen. In ihnen wurden ebenfalls keine Veränderungen gegenüber den Ausgangswerten gefunden.

Für die Ermittlung der Magensäuresekretion wurde den nüchternen Probanden in allen Untersuchungen ein dünner Schlauch durch die Nase über den Rachen in den Magen eingeführt. Durch diesen konnte Magensaft in viertelstündlichen Abständen abgesaugt werden. Um messbare Mengen Säure zu erhalten, wurde die Sekretion der Magensäure mit künstlichem Gastrin angeregt. Die Anregung ist nötig, da dadurch eine gesteigerte Säuresekretion entsteht, die in etwa der nach einem Essen gleicht. Die Wirkung ergab sich durch Kontrollmessungen ohne Pantoprazol. Für die verantwortlichen Ärzte waren diese Untersuchungen Routine, ebenso wie die Erstellung der entsprechenden Prüfpläne, die von der Ethikkommission ihrer Klinik und der des zuständigen Regierungspräsidiums genehmigt werden mussten. Im Plan wa-

ren alle notwendigen Maßnahmen für eventuelle Zwischen-
fälle für den Schutz der Probanden enthalten.

Die Resultate dieser ersten Studie wurden mit großer Erleichterung und Freude in den beiden Firmen aufgenommen
und führten in Konstanz zu einem Motivationsschub. In der
60-mg-Dosisgruppe war die Sekretion der Magensäure fast
vollständig gehemmt. Bei 80 mg Pantoprazol kam sie ganz
zum Erliegen. Schon bei 5 mg konnte eine 20%ige Hemmung
beobachtet werden. Das waren gute Voraussetzungen für die
Untersuchungen zur Heilung von Magen- und Zwölffingerdarmgeschwüren sowie der Refluxkrankheit (Sodbrennen
und saures Aufstoßen), den eigentlichen Indikationen des
neuen Medikaments. Das Ausmaß der Hemmung der Magensäuresekretion ist ein Indikator für die Heilung der Ma-
gen-Darm-Ulzera. Schon jetzt war man sich sicher, dass die
Hemmstärke gut ausreichen und der von Omeprazol ähneln
würde. Direkte Vergleiche zeigten das auch später.

In der ersten Humanstudie war schon erkenntlich, dass
die Konzentration von Pantoprazol im Blut der Probanden,
im Gegensatz zu Omeprazol, dosisproportional anstieg. Die
Fachleute sprechen von einer linearen Kinetik. Dieser Vorteil würde ebenfalls die schnelle Entwicklung erleichtern.

Pantoprazol-Tabletten: Erste Prüfung in Menschen

Als ein englischer Kliniker die vorläufigen Ergebnisse einer
Studie in Konstanz vortrug, in der Pantoprazol als Tabletten gegeben wurde, waren alle geschockt: Keine Wirkung!
Irgendein Fehler musste passiert sein, denn die vorhergehenden Prüfungen nach Injektion hatten hervorragende Säurehemmung gezeigt. Des Rätsels Lösung war schnell gefunden: Im Blut der Probanden war überhaupt kein Pantoprazol
angekommen, da die Galeniker die magensaftresistenten Tabletten mit einem zu dicken Überzug versehen hatten. Mit

dem korrekten Überzug lieferten die Tabletten die erhofften Resultate. Jetzt konnte der Grad der Aufnahme von Pantoprazol ins Blut nach oraler Gabe, die sogenannte Bioverfügbarkeit, gemessen werden. Dazu wurden den Probanden regelmäßig Blutproben entnommen. Wie schon nach der Studie mit Pantoprazol i. v. waren die Ergebnisse ermutigend. Die Tablette wurde gut vertragen und Pantoprazol kam zu 70–80 % im Blut der Probanden an. Diese hohe Bioverfügbarkeit führte am ersten Tag zu einer durchschnittlichen Hemmung der Säuresekretion von 50 %. Bis zum siebten Tag stieg die Hemmung auf 85 % an.

In einer weiteren klinischen Studie wurde die Säurehemmung der 40-mg-Tablette alltagsnäher ohne künstliche Stimulation von Magensäure gemessen. Die 16 Probanden erhielten eine über die Nase eingeführte Magensonde mit einer pH-Elektrode an der Spitze. Diese Magensonde kann über einen längeren Zeitraum getragen werden und erlaubt Nahrungsaufnahme. So konnte eine kontinuierliche Messung des Magen-pHs durchgeführt werden. Die Tabletten wurden nüchtern vor dem Frühstück eingenommen. Am Tag erhielten die Probanden Standardmahlzeiten. Zwei Tage vor der Behandlung wurde die Untersuchung ohne Wirkstoff durchgeführt. So erhielt man Nullwerte als Vergleichsgröße. Am ersten Behandlungstag wurde nur eine geringe pH-Anhebung von pH 1,4 auf pH 1,6 gefunden. Am siebten Behandlungstag war die Säurehemmung so stark, dass eine Anhebung des durchschnittlichen pH-Werts von 2,6 auf pH 3,8 eintrat. Nachts war die Wirkung deutlich schwächer und großen Schwankungen unterworfen. Mit dem Verständnis des Wirkmechanismus von Pantoprazol war die Zunahme der Wirkung nach wiederholter Gabe vollständig verständlich. Mit jeder Gabe werden 70 % der Pumpen irreversibel gehemmt, die während der kurzen Verweilzeit von Pantoprazol im Blut (1–2 Stunden) aktiv sind. Nur sie stellen Säure für die Aktivierung von Pantoprazol zur Verfügung und werden mit ihrer Inaktivierung „bestraft". Nach drei bis fünf Tagen wird ein Plateau der Hemmung erreicht.

Pantoprazol beeinflusst die Wirkung von Diazepam (Valium) nicht. Ungeplante, aber willkommene Antworten

Schon früh in der Entwicklung von Pantoprazol war man daran interessiert, ob Pantoprazol gleichzeitig eingenommene Medikamente (Komedikamente) in ihrer Wirkung störend beeinflussen würde. Die Entwicklung von Pantoprazol war mit fehlenden Interaktionen mit Komedikamenten begründet worden. Würde sich diese positive Eigenschaft auch in Menschen nachweisen lassen, wäre dies ein Vorteil gegenüber Omeprazol, das mit Diazepam interagiert. Die Studien wurden im frühen Stadium der Entwicklung nach intravenöser Gabe durchgeführt.

Für die korrekten Dosierungen musste Pantoprazol aus einer hochkonzentrierten Lösung entnommen und wie üblich verdünnt werden. Dabei ereignete sich ein gravierender Fehler: Aus Versehen wurde das Konzentrat den Probanden unverdünnt verabreicht. Dadurch erhielten sie irrtümlich 240 mg statt der geplanten 40 mg Pantoprazol i. v./Tag über sechs Tage. Die bis dato höchste geprüfte Dosierung war 80 mg.

Ein solcher Fehler kann heute nicht mehr vorkommen, denn in den aktuellen Gläschen (Vials) befindet sich 40 mg gefriergetrocknetes Pantoprazol, das nur noch aufgelöst und in einer Spritze für die Injektion aufgezogen werden muss.

Dieses Versehen hatte für die Pantoprazol-Entwicklung Folgen! Zum Glück nur positive! Zuerst die wichtigste: Die Probanden hatten von der Überdosierung überhaupt nichts bemerkt. Sie hatten keine Verträglichkeitsprobleme. So wurde der Fehler erst erkannt, als die Blutproben gemessen wurden und die ungewöhnlich hohen Blutspiegel auffielen. Diese überragende Verträglichkeit und Sicherheit von Pantoprazol ist von großer Bedeutung in der Notfallbehandlung von lebensgefährlichen Magenblutungen.

Auch das eigentliche Ziel der Studie wurde erreicht: Pantoprazol beeinflusst als Komedikament die Wirkung von Diazepam, auch bei hoher Dosierung, nicht.

Mit der hohen Dosis konnten letzte Zweifel bezüglich des Auftretens des „Hundemetaboliten" in Menschen beseitigt werden. Es wurden auch mit der besten Analytik keine Spuren davon gefunden.

Einige Jahre später, 1996, konnten die Prüfärzte zusammen mit Byk-Gulden-Forschern im angesehenen British Journal of Clinical Pharmacology (Br J Clinical Pharmacol 1996; **42**: 249-252; R. Gugler et al.) lapidar schreiben, dass Pantoprazol und Diazepam gleichzeitig und ohne eine Dosisanpassung appliziert werden können, und das sogar, wenn notwendig, in sehr hohen Dosen von Pantoprazol.

Karzinogenitätsstudie in Ratten.
Pantoprazol am Abgrund

Ende November 1991 bahnte sich ein ernstes Problem in der Entwicklung von Pantoprazol an. Wieder einmal gab es Probleme in toxikologischen Studien. Diesmal war es die 24-monatige Karzinogenitätsstudie mit Ratten, die bei SK&F durchgeführt wurde. 24 Monate lange Karzinogenitäts-Studien mit zwei Tierarten sind in den Leitlinien der Europäischen Arzneimittelagentur für die Zulassung eines Arzneimittels vorgeschrieben. Meist werden Ratten und Mäuse verwendet. Diese Studien dauern zusammen mit der Auswertung der Daten ca. drei Jahre. Wie bei anderen Studien auch erhält eine Gruppe der Testtiere keine Substanz (Kontrollgruppe). Bei den 24-Monate-Studien sterben viele Tiere auch in den Kontrollgruppen, da die durchschnittliche Lebensdauer der Tiere von ca. zwei Jahren annähend erreicht wird. Auch die natürliche Tumorrate ist bei diesen alten Tieren erwartungsgemäß sehr hoch. Am Ende überlebten in der Studie in England nur 30 % der weiblichen Tiere und 15 % der männlichen in beiden Gruppen. Durch die vielen Tierverluste bestand die Gefahr, dass die Studien nicht aussagekräftig waren und eventuell wiederholt werden mussten.

Zu allem Überdruss und Bangen meldeten die englischen Toxikologen, dass nach ihrer vorläufigen Auswertung der 24-monatigen Rattenstudie mit Pantoprazol in den beiden oberen Dosierungen (50 und 200 mg/kg) Lebertumore aufgetreten seien. Ihre Feststellung war vorläufig und nur dem Augenschein nach, es fehlte die histologische Analyse. Obwohl den englischen Toxikologen klar war, dass man Karzinome erst auf der Basis von Gewebsuntersuchungen mit zusätzlichen Anfärbemethoden zweifelsfrei beurteilen konnte, hatten sie Ergebnisse herausgegeben. Warum die englischen Kollegen so vorschnell handelten, war bald erkenntlich. Sie wurden dazu gezwungen (mehr dazu später). Für Byk Gulden blieb keine Zeit, um Hintergrundanalysen anzustellen. Man teilte Byk Gulden per Fax kurz und bündig mit, dass man unter diesen Bedingungen das Projekt nicht weiterführen könne und dass ihre laufenden klinischen Studien sofort gestoppt werden würden. Ferner wurde beschlossen, dass die Zusammenarbeit mit Byk Gulden beendigt sei. Diese Mitteilung mit ihren Konsequenzen war der GAU für Byk Gulden und ein riesiger Schock, der in der ganzen Firma zu spüren war.

Aus der Schockstarre musste man schnell herauskommen, da Byk Gulden als Publikumsgesellschaft umgehend eine Mitteilung machen und eine klärende Stellungnahme veröffentlichen musste. Saftey first war die Devise, um keine Patienten und Probanden in den klinischen Studien zu gefährden. Diese Gefahr konnte man schnell ausschließen, da in einer Ein-Jahres-Studie mit noch höherer Dosis (300 mg/kg) unter gleichen Bedingungen keine Tumore in den Ratten gefunden worden waren. Diese Dosis ist das mehr als 250-Fache der höchsten Dosis, die in den laufenden klinischen Studien eingesetzt wurde. Die längsten Humanstudien dauerten maximal zwei Monate. Es bestand kein Handlungszwang. Diese Feststellung war von großer Bedeutung, da gegenwärtig drei große und sehr kostspielige internationale Studien mit knapp 400 Patienten mit Magen- bzw. Zwölffingerdarmgeschwüren sowie weitere mit über 100 Patienten mit Refluxkrankheiten durchgeführt wurden. Zeitweise waren fast vierzig Prüfärzte beteiligt. Diese Studien zu stoppen, würde einen immensen Zeitverlust bedeuten. Solche Studien wieder neu zu starten, war fast ein Ding der Unmöglichkeit, auch bezüglich des Aufwands.

Welchen Eindruck die angekündigte Presseveröffentlichung von SK&F auf Prüfärzte machen würde, war eine ernste Frage. SK&F war kein Nobody auf dem gastroenterologischen Gebiet. Das war immer noch Byk Gulden. Byk Gulden war der Juniorpartner in der Zusammenarbeit mit SK&F, auch wenn Pantoprazol von Byk Gulden kam. Man beschloss, in die Offensive zu gehen. Allen Prüfärzten wurde in einem „Dear-Doctor"-Brief in aller Offenheit geschildert, was der gegenwärtige Stand der Untersuchungen war. Sie wurden auch aufgefordert, ihr jeweiliges Ethikkomitee zu informieren. So konnten sie selbst nachvollziehen, dass für ihre Patienten nie eine Gefahr durch die Einnahme von Pantoprazol bestand und auch weiterhin nicht bestehen würde. In einer darauffolgenden Presseerklärung gab der Vorstand von Byk Gulden bekannt, dass die Entwicklung von Pantoprazol auch ohne Beteiligung von SK&F weitergeführt werde.

Pharmapolitik bestimmt den Ausstieg von SK&F

Die abrupte Beendigung der erfolgreichen Zusammenarbeit der beiden ungleichen Pharmafirmen am 27. November 1991 verdient etwas näher beleuchtet zu werden. Für Außenstehende musste die Firma SK&F lange Zeit als äußerst erfolgreich erscheinen. Ihr Starprodukt Cimetidin hatte als erstes Medikament der Welt den sogenannten Blockbuster-Status und damit eine Milliarde US$ Jahresumsatz erreicht. Der Vater der Entwicklung von Cimetidin, Sir James Black, wurde mit dem Nobelpreis ausgezeichnet. Auch die Umsätze von Cimetidin stiegen weiterhin an, nur langsamer als früher.

Die Wolken, die über der Firma aufstiegen, waren den Experten und Analysten an der Börse nicht entgangen: Das Konkurrenzprodukt Ranitidin holte sich schnell Marktanteile zu Lasten von Cimetidin. Nur aufgrund des wachsenden Gesamtmarkts waren die Umsätze von Cimetidin noch nicht völlig eingebrochen.

In dieser bedenklichen Situation, zusammen mit stockendem Produktnachschub, sah das Management der Firma SK&F

als einzigen Ausweg einen Zusammenschluss (Merger) mit der englischen Firma Beecham, da sich die Firmen ergänzten. Die neue Firma firmierte unter dem Namen SmithKline Beecham Pharmaceuticals plc. und hatte ihren Sitz in London. Sie war zur fünftgrößten Pharmafirma der Welt aufgestiegen. Die Analysten an den Börsen in London und New York bejubelten den Zusammenschluss, in dem Beecham klar das Sagen hatte. Das Wall Street Journal schrieb, dass der Zusammenschluss genauso kam, „wie der Doktor ihn verordnet hätte". (The Wall Street Journal Europe Thursday, November 28, 1991)

Ein riesiger Multikonzern mit vielen Standorten war entstanden. Der Zusammenschluss zog eine ganze Reihe personeller Konsequenzen nach sich. Insbesondere auf dem Gebiet der Gastro-Forschung, für die „die neuen Besen" wenig übrighatten, sollte gespart werden. Mit großen Worten wurde ein Neuanfang propagiert, für den die alten Köpfe nur hinderlich waren. Die führenden Köpfe der Gastroenterologie, die SK&F erfolgreich gemacht hatten, wurden kaltgestellt. An der Weiterführung der Zusammenarbeit mit Byk Gulden bestand kein Interesse mehr, und es mussten Gründe für eine Beendigung gefunden werden. Man wollte nicht vertragsbrüchig werden. Das hätte zu viel gekostet und den guten Ruf der neuen Megafirma beschädigt. Bei der neuen Firmenleitung stand das Pantoprazol-Projekt auf der Abschussliste. Da kamen die vorläufigen Befunde aus der 24–monatigen Karzinogenitätsstudie mit Ratten gerade recht. Man konnte sogar seine hohe Verantwortung herausstellen, indem man die sofortige Beendigung der klinischen Studien des ungeliebten Produktkandidaten verkündete. Nur schnell handeln und Fakten schaffen, damit keine Zweifel aufkommen.

Eilig wurde eine Presseerklärung formuliert, die unter anderem am 28. November 1991 im Wallstreet Journal Europe erschien. Darin konnte die interessierte Öffentlichkeit klar erkennen, dass neue Prioritäten zum Abbruch der Zusammenarbeit mit Byk Gulden geführt hatten. Bei aller Entschlossenheit für den Ausstieg wurde von SmithKline Beecham klargestellt, dass die Patienten in den laufenden klinischen Studien nie gefährdet waren. Immerhin wurde auf die einjährige Rattenstudie, die frei von negativen Befunden war, hingewiesen.

Die Analysten an den Börsen hörten auch gerne, dass zwei eigene Projektkandidaten mit ganz neuem Mechanismus in der Entwicklung seien und man dafür die freiwerdenden Mittel einsetzen wollte. Diese hätten eine deutlich kürzere Wirkdauer, wären sicherer und würden nicht die den Protonenpumpenhemmern vom Typ Omeprazol damals unterstellten Magentumore bilden. Zu diesem Zeitpunkt bestanden noch große Vorbehalte gegenüber Omeprazol, das – wie sein schärfster Kritiker, Professor Wormsley, ausführte – zu lange wirken würde und dadurch gefährlich sei. Er war der Meinung, man dürfe Omeprazol nur für hartnäckige Fälle von Refluxerkrankungen und die wenigen Zollinger-Ellison-Syndrom-Patienten guten Gewissens anwenden.

Für Byk Gulden kam der Ausstieg und der Studienstopp von SK&F einer Katastrophe gleich. Die Gefahr eines Endes der Pantoprazol-Entwicklung stand vor der Tür. Alles hing von den Ergebnissen der Gewebsuntersuchungen in der Rattenkarzinogenitätsstudie ab. Diese wurden im Dezember erwartet. Die Ungewissheit musste einen Monat intern und extern überbrückt werden. Einige international bekannte Experten waren der Meinung, dass Byk Gulden die Weiterführung der Entwicklung, unabhängig vom Ausgang der Gewebsuntersuchungen, nicht alleine schultern könne. Zu groß sei der Imageschaden durch den Rückzug von SK&F.

Sachverstand gepaart mit Entschlossenheit bringt die Lösung

Ende 1991 lagen die Ergebnisse der Gewebsuntersuchungen vor. Darin wurde festgestellt, dass sich in den hohen Dosierungen tatsächlich Tumore in der Leber gebildet hatten. Sie werden durch rattenspezifische Leberenzyme, die bei Menschen nicht vorkommen, gebildet und stellten kein Sicherheitsproblem bei Menschen dar. Mit Hilfe eines internationalen Netzwerks von herausragenden Fachleuten konnte gezeigt werden, dass der ursächliche Leberenzym-Subtyp rattenspezifisch ist. In der parallel durchgeführten 24-Monats-Studie in Mäusen wurden zur großen Erleichterung keine bedenklichen Effekte gefunden. Entscheidend dafür, dass die Pantoprazol-Entwicklung nicht abgebrochen wurde, waren die Beharrlichkeit und die Sachkenntnis in der toxikologischen Abteilung bei Byk Gulden, gepaart mit der Entschlossenheit der Forschungsleitung, die Sachlage aufzuklären, sowie der Arbeit jener Forscher, die die klinischen Studien durchführten.

Anfang 1992 waren die Trennungsverhandlungen mit SmithKline Beecham im vollen Gang und konnten dank des sehr ausführlichen Vertrags, der auch sehr nützliche Paragraphen für den Fall der Beendigung der Zusammenarbeit enthielt, zufriedenstellend abgeschlossen werden. Alle Rechte fielen an Byk Gulden zurück. Für die Entwicklung von Pantoprazol in England, in den USA und in Japan, für die SK&F ursprünglich zuständig gewesen war, brauchte Byk Gulden mehrere Jahre, um kompetente Entwicklungspartner für diese Länder zu finden.

Klinisches Prüfprogramm zur Erlangung der Zulassung

Das Prozedere im Allgemeinen

Ziel der klinischen Entwicklung von Pantoprazol war seine Zulassung als Medikament für die akute Heilung und Schmerzbefreiung von Magen- und Zwölffingerdarmgeschwüren sowie der Refluxkrankheit (Sodbrennen) mit einer optimalen und sicher wirksamen Dosis. Diese Krankheiten werden durch die aggressive Magensäure verursacht. Der Grad der Säurehemmung durch Pantoprazol in den verschiedenen Dosierungen bei Probanden diente als Orientierung für die eingesetzte Dosierung in den klinischen Studien. Die Kenntnis der dosisabhängigen Säurehemmung lieferte sehr zuverlässige Informationen für die Planung der Therapiestudien.

Pro Indikation mussten zwei große und reproduzierbare Studien mit jeweils mehr als 200 Patienten den Zulassungsbehörden für Deutschland und für die Europäische Union vorgelegt werden. Um eine eindeutige Reproduzierbarkeit der Ergebnisse zu erlangen, müssen alle äußeren Einflüsse, die zu zufälligen Ergebnissen führen können, ausgeschaltet werden. Dies wurde dadurch erreicht, dass die Studien randomisiert und doppelblind durchgeführt wurden, das heißt, weder Arzt noch Patient wissen, ob identisch aussehende Tabletten Pantoprazol oder ein Vergleichsmedikamen enthalten. Vergleichsstudien mit Placebo wurden aus ethischen Gründen nicht durchgeführt. Für alle Indikationen gab es zugelassene Medikamente, die den Patienten nicht vorenthalten werden sollten.

Klinische Studien basieren auf Prüfplänen, in denen die Zielgrößen (Endpunkte der Studie) wie Heilung und Zeit bis zur Heilung vor Beginn der Studien schriftlich festgelegt werden müssen. Abweichungen vom Prüfplan müssen begründet werden. Ethikkommissionen und Zulassungsbehörden genehmigen die Prüfpläne. Die an den Studien teilnehmenden Prüfärzte werden auf Prüfarztkonferenzen vor Beginn der Studien auf ein einheitliches Vorgehen beim Einschluss der Patienten und bei den einzelnen Untersuchungen während der Studien eingeschworen. In Prüfbögen eingetragene Patientendaten werden von Monitoren überprüft, ob sie mit den Patientendaten in den entsprechenden Arztkarteikarten oder PC-Eintragungen übereinstimmen.

Wie wurde die 40-mg-Dosis ermittelt?

„Alle Dinge sind Gift, und nichts ist ohne Gift; allein die Dosis macht es, dass ein Ding kein Gift ist." Schon Paracelsus (1493–1541) erkannte im übertragenen Sinn ein Kernproblem der Arzneimittelentwicklung: das Finden der richtigen Dosis.

Die entscheidende Studie zur Findung der sicheren, verträglichen und wirksamen Dosierung für die breite Anwendung zur Heilung von Zwölffingerdarmgeschwüren wurde Ende 1989 gestartet. Daran waren 15 Prüfärzte beteiligt, die entsprechend dem Prüfplan 219 Patienten mit diesen Geschwüren randomisiert und doppelblind zwei bis vier Wochen mit Pantoprazol behandelten. Aus den vorhergehenden Studien zur Sekretionshemmung an Probanden (Phase-I-Studie) war gefolgert worden, dass ein Dosierschema mit 20, 40 und 80 mg Pantoprazol für die Indikation Zwölffingerdarmgeschwüre wirksam und sicher seien. Nach zwei Wochen Behandlung mit 20 mg Pantoprazol wurde eine Heilungsrate von 58 % erreicht. Mit 40 mg und 80 mg Pantoprazol wurden jeweils 82 % Heilung erreicht. Nach vier Wochen Behandlung mit 20 mg Pantoprazol heilten bereits 93 % der Geschwüre, 40 mg und 80 mg ergaben 99 % und 100 % Heilung. Es wurde gefolgert, dass 40 mg Pantoprazol täglich einmal eingenommen eine optimale und sichere Dosis für die Heilung der Zwölffingerdarmgeschwüre ist.

Da alle bereits zugelassenen Medikamente für die Behandlung von Magen- und Zwölffingerdarmgeschwüren sowie Refluxösophagitis nur eine Dosierung hatten, wurde 40 mg als optimale Dosis auch in den Indikationen Magengeschwüre (acht Wochen Behandlung) eingesetzt.

Pantoprazol erhält die Zulassung

Mitte August 1994 kam endlich der ersehnte Brief vom Bundesinstitut für Arzneimittel und Medizinprodukte (BfArM) mit dem schriftlichen Bescheid über die Zulassung von Pantoprazol in Deutschland. Er enthielt die Zulassung für die akute Behandlung von Magen- und Zwölffingerdarmgeschwüren sowie für die Behandlung der Refluxösophagitis (Entzündung der Speiseröhre, verbunden mit Rückfluss von Magensäure). Die erste Zulassung überhaupt kam ausgerechnet aus Schweden, dem Heimatland des Konkurrenzprodukts und Pioniermedikaments Omeprazol. Pantoprazol war zuvor schon in Mexiko und Südafrika zugelassen worden und stand kurz vor der Zulassung in mehreren europäischen Ländern nach dem Mehrstaaten-Zulassungsverfahren.

Pantoprazol war damit als dritter Protonenpumpenhemmer, nach Omeprazol (1989) und Lansoprazol (1992), auf dem Markt erhältlich. Allein für die Entwicklung von Pantoprazol hatte Byk Gulden sieben Jahre benötigt. 14 Jahre waren seit dem Start des Programms vergangen.

Zum Zeitpunkt der Erstzulassung wurde intensiv an weiteren Zulassungen für längere Behandlungszeiträume und zur Vermeidung von Krankheitsrückfällen (Maintenance) gearbeitet. Diese Studien führten Jahre später zur Zulassung einer 20-mg-Tablette. Die Zulassung zum rezeptfreien Bezug der 20-mg-Tablette in der Europäischen Union für die Kurzzeitbehandlung (maximal zwei Wochen) von Refluxbeschwerden erfolgte im Jahr 2009.

Patente im Streit

Störfeuer von Hässle gegen die Vorläuferpatente von Pantoprazol

Nicht erst mit der Zulassung von Pantoprazol und seiner beginnenden Vermarktung Ende 1994, sondern schon in den Patentprüfverfahren der Vorgängerpatente versuchte Hässle die jeweiligen Patenterteilungen zu verhindern. So wurden Einwände, wie zum Beispiel gegen die Verwendung des Prüfmodells „modifizierte Shay-Ratte" vorgebracht. In Hässles Augen lieferte dieses Prüfverfahren keine relevanten, ja sogar verfälschende Ergebnisse. Sie unterstellten Byk Gulden, man hätte dieses Tiermodell nur deshalb ausgewählt, weil die Moleküle von Hässle, die als Referenzen dienten, damit generell schlechtere Ergebnisse lieferten und somit leicht zu überbieten seien. Dadurch könne Byk Gulden leicht eine scheinbare Überlegenheit ihrer Verbindungen behaupten. Hässle belegte die Wirksamkeit ihrer chemischen Verbindungen mit einem Prüfmodell mit Hunden. Erst viel später, als alle Patentstreitigkeiten beigelegt waren, änderte man bei Hässle die Ansicht über die Verwendung von Ratten bei der Prüfung auf Wirksamkeit.

Tatsache war, dass es bei Byk Gulden noch kein Testmodell mit Hunden gab und ein solches erst gegen Ende der 1980er Jahre etabliert wurde. Ganz anders bei der Firma Hässle. Dort wurde ab Herbst 1966 Beagle-Hunden eine Plastikröhre in den Magen operiert, durch die ihre produzierte Magensäure abgeleitet und gemessen werden konnte. Bei Versuchsende wurde die kleine Plastikröhre verschlossen und die Hunde konnten wieder normal verdauen. Die Operationen waren nicht einfach und ähnelten solchen, wie sie auch an Menschen schon früher durchgeführt wurden, so auch von Chirurgen am Sahlgrenska-Krankenhaus der Universität Göteborg, mit denen Hässle zusammenarbeitete.

Kleiner Abstecher in die Patentgeschichte von Pantoprazol

Um neue und technisch fortschrittliche Erfindungen schützen zu können, wurde schon vor Jahrhunderten in Italien das Instrument des Patents in das Rechtswesen eingeführt. Der Inhaber eines Patents ist berechtigt, anderen die Benutzung seiner Erfindung zu untersagen (Monopolstellung), dies allerdings nur für einen begrenzten Zeitraum, der in der Regel maximal 20 Jahre beträgt. Im Gegenzug gibt der Erfinder eine vollständige und genaue Beschreibung seiner Erfindung preis. Diese Preisgabe erfolgt bei der Beantragung des Patents in der Beschreibung der Patentanmeldung. Der Erfinder ist verpflichtet, die Erfindung so genau und so ausführlich zu beschreiben, dass ein durchschnittlicher Fachmann in der Lage ist, sie nachzuvollziehen, und sie technisch ausführen kann. Der Patentschutz einer eingereichten Patentanmeldung wird nach fachlicher und rechtlicher Prüfung durch ein Patentamt erteilt oder versagt. Der Patentschutz kann auch noch später, wenn Mängel entdeckt werden, durch Gerichte aberkannt werden.

Patente sind für bestimmte innovative Industriezweige unverzichtbare Instrumente. Insbesondere die forschende Arzneimittelindustrie ist zum Schutz vor Nachahmungen und Kopien auf Patente angewiesen, denn nur durch sie können die in dieser Branche besonders hohen Forschungs- und Entwicklungskosten für neue Arzneimittel durch einen angemessenen Verkaufspreis wieder eingespielt werden.

Die erste Patentanmeldung von Pantoprazol, die sogenannte Prioritätsanmeldung, wurde in der Schweiz angemeldet. Die europäische Erteilung erfolgte unter der Patentnummer EP 080602

Schon im Prüfverfahren machte die Firma Hässle Einwendungen gegen die Erteilung des Patents, die aber abgewiesen wurden. Pantoprazol ist in der Prioritätsanmeldung namentlich erwähnt und wurde erstmals noch knapp vor Ablauf des Prioritätsjahrs synthetisiert. Da die Patenteinreichung und die spätere Aufrechterhaltung des Patents mit hohen Gebühren verbunden sind, wurde für Pantoprazol in Ländern wie Brasilien, Russland (damals UdSSR), Indien und China, die heute unter dem Kürzel BRIC-Staaten bekannt sind, kein Patentschutz beantragt. Mitte der 1980er Jahre war das Handelsvolumen Deutschlands mit diesen Staaten noch unbedeutend.

Hässle klagt gegen das erteilte Pantoprazol-Patent

Nach der Zulassung und nach dem ersten Verkaufstag von Pantoprazol setzte Hässle ganz anders als früher und viel verbissener Byk Gulden unter Druck. Auf diesen Zeitpunkt hatten sie lange warten müssen, da sie sich trotz jahrelanger Bemühungen, es zu zerstören, gegen das erteilte und gültige Pantoprazol-Patent nicht durchsetzen konnten. Mit dem Markteintritt war eine andere Strategie gegen Pantoprazol möglich: Sie konnten jetzt in den einzelnen Ländern, in denen Pantoprazol vertrieben wurde, zivilrechtlich gegen Byk Gulden vorgehen. So behaupteten sie, dass der Patentschutz ihres Omeprazol-Patents so weit reiche, dass auch Pantoprazol darin enthalten sei. Folglich werde durch den Vertrieb von Pantoprazol ihr Patent verletzt und es entstehe ihnen daraus ein Schaden. Wie kam es zu dieser Behauptung und wie konnte sie widerlegt werden? Dies sollten Gerichte in den einzelnen Ländern klären. Hässle hatte als Kläger die Beweislast zu tragen.

Schon in den ersten Monaten des Jahres 1995 kurz nach Verkaufsbeginn hagelte es an einstweiligen Verfügungen aus den Ländern, in denen Pantoprazol verkauft wurde. Ihre Anzahl war derart angestiegen, dass die Bearbeitungskapazität der kleinen Patentabteilung in Konstanz enorm strapaziert wurde. Für Hässle war es kein Problem, ihre reichhaltigen Ressourcen für eine Unzahl von Gerichtsverfahren einzusetzen, denn Omeprazol war inzwischen zu einem Multi-Blockbuster herangewachsen. Mit der japanischen Firma Takeda, die ihren Säurehemmer Lansoprazol überraschend noch vor Pantoprazol auf den Markt bringen konnte, hatte man sich auf eine Lizenzzahlung geeinigt. Warum Hässle die Patentprozesse gegen Byk Gulden anstrengte, blieb unklar. Sie hatten vermutlich die Eigenschaften von Pantoprazol genau studiert, und es als ernstzunehmenden Konkurrenten eingeschätzt. Oder war es nur ein Versuch des neuen Managements, Muskeln zu zeigen, um auf ungewöhnliche Art zu noch mehr Gewinn zu kommen? Für Byk Gulden kam eine Lizenzlösung nicht infrage.

Vorbereitungen für das Verfahren vor dem Supreme Court in London

Im Verlauf der „Patentschlacht", die 1995 praktisch weltweit tobte, war es zu Niederlagen und Siegen für Byk Gulden gekommen. Die Schweden hatten sich heftig gegen die Einführung von Pantoprazol in mehreren Ländern gewehrt und jeweils einstweilige Verfügungen angestrengt, die allerdings nur in Schweden stattgegeben wurden.

In vielen ehemaligen Commonwealth-Ländern wie z. B. Australien und Neuseeland wollten die Gerichte zunächst eine Entscheidung in England abwarten. Byk Gulden kam mit Hässle überein, in einem Eilverfahren im ehemaligen Mutterland des Commonwealth darüber zu entscheiden und das Ergebnis dann in den einzelnen Ländern zu übernehmen. Die Hauptverhandlung fand am 5. Juni 1996 am Highcourt in London statt. Für das Verfahren wurde von Byk Gulden die damals weltgrößte Anwaltsfirma angeheuert. Eine gute Wahl, denn der leitende Anwalt, der für die Verfahren im Patents Court des Supreme Courts abgestellt war, hatte einige Semester Chemie in Oxford bei Professor Jack Baldwin studiert und einen Bachelortitel in Chemie erworben. Er konnte seinen berühmten ehemaligen Lehrer als externen wissenschaftlichen Zeugen für das Verfahren gewinnen. Baldwins auffallendes Charakteristikum war seine komplette Glatzköpfigkeit, die er stolz mit seinem Namen verband. Sein Name sei als „bald wins" (engl. etwa: Glatzkopf gewinnt) zu verstehen. Und er machte sich umgehend daran, dies zu beweisen.

Mit seinem analytischen Geist fand er schnell heraus, dass das Omeprazolpatent extrem fehlerhaft war. Baldwin hatte die Beschreibung im allgemeinen Teil des Patents genau analysiert und dabei herausgefunden, dass dieser Teil aus einem Vorläuferpatent entnommen war (Copy & Paste) und sachlich nicht zutreffen konnte. Das Omeprazolpatent war vermutlich in Eile aufgesetzt und eingereicht worden. Ebenso war die Herstellung der beanspruchten Moleküle in der Patentschrift nicht genau, sondern nur allgemein und oberflächlich beschrieben und einige Verfahrensschritte waren auch falsch. Sie schwächten die Gültigkeit des Patents. Man war sich einig, dass man einen Angriff auf das Omeprazolpatent durchaus wagen konnte, um Hässle zum Einlenken zu zwingen.

Dem eigentlichen Gerichtsverfahren geht nach dem englischen Recht eine sogenannte Discovery-Phase voraus. Sie beinhaltet einen Vorlagezwang, der die Parteien verpflichtet, alle und auch wirklich alle Dokumente, die im Verfahren wichtig sind, dem Gegner vorzulegen. Nur die Dokumente der Anwälte sind von diesem Zwang ausgenommen. Die Sammlung der Dokumente für die Vorlagen von allen am Pantoprazol-projekt beteiligten Mitarbeitern nahm fast sechs Monate in Anspruch und legte die eigentlichen Arbeiten der Forschungsabteilungen lahm. Dazu mussten viele Fragen der Anwälte beantwortet und schriftliche Zeugenaussagen von internen und externen Experten angefertigt werden. Alle Mitarbeiter der Firma waren mit großem Einsatz dabei, denn ihr Pantoprazol bedurfte der Unterstützung.

Prozessverlauf: Hässles Experte widerspricht sich

Am Mittwoch, dem 5. Juni 1996, begann die entscheidende Verhandlung vor der Patent-Kammer des Supreme Courts. Der Richter beeindruckte die Konstanzer insbesondere mit seiner weißen Perücke. Ein ungewohnter, aber würdevoller Anblick. Die zugelassenen Anwälte, ebenfalls mit Perücken bestückt, sprachen sich in der alten Formulierung „my learned friend" höflich in der Form, aber hart in der Sache, an. Im getäfelten Gerichtssaal waren einige Hässle-Mitarbeiter sowie externe Beobachter anwesend.

Nach dem langwierigen Discovery-Verfahren standen die Kreuzverhöre bezüglich der Klage- und Verteidigungsschrift im Zentrum des Geschehens. Der Richter hatte zu entscheiden, ob die von Hässle aufgestellte Behauptung, Pantoprazol sei bereits im Omeprazolpatent enthalten, stichhaltig war. Letztendlich ging es um die Kernfrage: Beinhaltet eine Methoxi-Gruppe (gemeint ist die 5-Methoxi-Gruppe von Omeprazol) für einen durchschnittlichen Fachmann auf dem Gebiet auch eine erweiterte Methoxi-Gruppe (gemeint ist die 5-Difluormethoxi-Gruppe in Pantoprazol)? Würde man die Auffassung von Hässle teilen, wäre Pantoprazol vorbeschrieben und nicht mehr neu gewesen. Das Patent für Pantoprazol hätte dann nicht erteilt werden dürfen. Folglich sei Hässle ein Schaden durch den Verkauf von Pantoprazol entstanden. Was nach kleinlicher Haarspalterei aussieht, war eine folgenschwere Entscheidung, die das Gericht durch Befragung von Experten zu treffen hatte.

Am Freitagmorgen, dem 7. Juni wurde Professor Charles Rees (1927-2006), Professor am Imperial College London als Experte der klagenden Partei in den Zeugenstand gerufen. Er machte keine überzeugende Figur. Im Kern vertrat Rees die Behauptung, dass auch kleine Atome, wie zum Beispiel Fluor, gemeint sein könnten, wenn der Fachmann von einer Methoxi-Gruppe spreche. Als Rees aus dem Zeugenstand entlassen wurde, konnte man deutlich erkennen, dass der Richter, der eine klare Aussage zur Nomenklatur von einem Chemieprofessor erwartetet, sein Herumgedruckse nicht akzeptierte.

Nachmittags kam es zur Katastrophe für den berühmten Professor, als Byk Guldens Anwalt (Barrister) am Ende des Kreuzverhörs beweisen konnte, dass er in einem anderen Verfahren in Südafrika das exakte Gegenteil behauptet hatte, nämlich eine Methoxi-Gruppe enthalte keine weiteren Gruppen. Hässles Anwälte waren sichtlich aus der Fassung geraten und schockiert. Da half auch keine Perücke mehr. Sie baten um eine Pause, um sich zu beraten. Professor Rees war für sie erledigt und eine Last. Nur wenige Personen von Byk Gulden wussten von der absolut geheim gehaltenen Überraschung aus Südafrika. Der Schock war für Hässles Anwälte derart durchschlagend, dass sie noch am Abend des gleichen Tages um ein erstes Gespräch zur Beendigung der Patentstreitigkeiten baten. Alle aktiv Beteiligten versammelten sich zu einer Beratung, die bei Byk Guldens Anwälten stattfand. Im kleinen und überhitzten, aber eleganten Beratungszimmer herrschte eine stickige Luft. Hässles Anwälte hatten eine nervöse Stimmung mitgebracht. Keiner im Raum wollte das erste Wort ergreifen und alle warteten. Dann, ganz unvermittelt, rief ein Hässle-Anwalt in den Raum: „What about a beer?" Die Frage wirkte wie ein Befreiungsschlag und plötzlich waren alle locker und fast fröhlich. Wäre der Spuk vielleicht zu Ende?

In den nachfolgenden Tagen, auch über das Wochenende, wurde zäh an einem Vergleichspapier gearbeitet. Den Richter konnte man erst mit einem perfekten Vergleichspapier informieren. Es entstand ein mächtiger Zeitdruck. Der Vergleich musste schnell her, während die Gerichtsverhandlung in der neuen Woche weiterlief. Das Gericht sollte keinen zum Sieger und keinen zum Verlierer erklären müssen. Am Montag wurde Professor Sir Jack Baldwin (1938-2020) in den Zeugenstand gerufen. Im Kreuzverhör mit den gegnerischen Anwälten brachten auch diesen berühmten Wissenschaftler die vielen „woulds" und „shoulds" in den raffiniert gestellten Fragen kräftig ins Schwitzen, doch er ließ sich Zeit für seine klaren Antworten. Am Dienstag sollte der Mitarbeiter von Byk Gulden in den Zeugenstand gerufen werden, um sich den Fragen der Gegenseite zu stellen. Doch es kam alles anders!

Ein bedingungsloser Vergleich wird erzielt

In den frühen Morgenstunden des 12. Juni um 2:30 Uhr konnte ein Vergleichspapier von beiden Seiten unterschrieben werden. Es wurde ein bedingungsloser Vergleich ohne finanzielle Zahlungen oder anderen Einschränkungen erzielt. Alle weiteren Verfahren in verschiedenen Ländern sollten sofort eingestellt werden. Auch in den ehemaligen Commonwealth-Ländern wurde der Vergleich übernommen. So konnte Byk Gulden mit seinen Vertriebspartnern und Lizenznehmern die internationale Einführung von Pantoprazol ungehindert fortsetzen. Es gab nach außen keinen Sieger und keinen Verlierer. Die Schwäche des Omeprazolpatents war nicht publik geworden, hatte aber die Angriffslust von Hässle ausgebremst. Es war die herausragende Teamleistung bei Byk Gulden, die zum Erfolg führte und die weltweite Verbreitung von Pantoprazol zum Glück der Patienten ermöglichte.

Die Firma und ihre Forschungsabteilung

1873   Firma Dr. Heinrich Byk, Gründung durch den Chemiker Heinrich Byk

1917   Firma Byk Gulden; durch Fusion der Chemischen Werke Heinrich Byk und der Gulden AG des Kaufmanns Paul Gulden

1941   Übernahme der Firma Byk Gulden durch die Accumulatoren Fabrik AG (später Varta; Mehrheitsaktionär und Aufsichtsratsvorsitzender: Günther Quandt), Aufsichtsratsvorsitzender Byk Gulden: Günther Quandt

2002   100%ige Übernahme und Umbenennung in Altana Pharma AG, Mehrheitsaktionärin Susanne Klatten, geb. Quandt

2007   Verkauf der Pharmasparte von Altana (ehemals Byk Gulden) an das in Luxemburg registrierte Pharmaunternehmen Nycomed, hinter dem Finanzinvestoren standen
Kaufpreis: 4,6 Milliarden Euro.
Die Forschung wird nahezu eingestellt.

2011   Verkauf an das japanische Pharmaunternehmen Takeda
Kaufpreis: 9,6 Milliarden Euro, Auflösung des alten Byk Gulden-Standorts in Konstanz

Dank

Bei der Entstehung dieses Buchs habe ich durch kritisches Zuhören und inspirierende Anmerkungen, wissenschaftliche Hinweise sowie Beisteuerung von Erinnerungen an die Entwicklung des Medikaments Pantoprazol mannigfaltige Unterstützung erfahren. Dafür schulde ich vielen sachkundigen Freunden und Bekannten, aber auch vielen freundlich Auskunft gebenden Experten großen Dank.

Besonderen Dank schulde ich Dr. rer. nat. Ernst Sturm, der als kritischer, jahrelanger Begleiter mir sein Wissen und seine Erfahrung zur Verfügung stellte sowie Dr. rer. nat. Ulrich Wolf, der mich mit weiser Umsicht durch das „Gestrüpp" der Patentrechtsprechung führte. Ganz besonders bedanke ich mich bei Dr. med. Renate Fischer, die mir tiefe Einblicke in die klinische Entwicklung von Pantoprazol verschaffte, sowie für ihre kritische Durchsicht des gesamten Texts.

Klarheit und Verständlichkeit des Texts werden durch die gekonnten Illustrationen unserer Tochter Hanna Bilfinger M.A. untermauert. Ganz herzlichen Dank für das Einbringen ihres Könnens und die große Geduld bei der Umsetzung in die bestechend schöne Graphik.

Schließlich und endlich habe ich mich ganz besonders bei meiner Frau, Dr.iur. Rose Bilfinger, für ihre beharrliche und kritische Kontrolle der Verständlichkeit des Texts zu bedanken.

Stichwortverzeichnis

Verhinderung erneuten Magenblutens (rebleeding)	106
Versuchsweise (probatorischen) Behandlung	79
Wormsley	174
Zantac (Ranitidin)	150
Zollinger-Ellison-Syndrom	109

Der Verlag

Wer aufhört besser zu werden, hat aufgehört gut zu sein!

Basierend auf diesem Motto ist es dem novum Verlag ein Anliegen, neue Manuskripte aufzuspüren, zu veröffentlichen und deren Autoren langfristig zu fördern. Mittlerweile gilt der 1997 gegründete und mehrfach prämierte Verlag als Spezialist für Neuautoren in Deutschland, Österreich und der Schweiz.

Für jedes neue Manuskript wird innerhalb weniger Wochen eine kostenfreie, unverbindliche Lektorats-Prüfung erstellt.

Weitere Informationen zum Verlag und seinen Büchern finden Sie im Internet unter:

www.novumverlag.com

Bewerten
Sie dieses Buch
auf unserer
Homepage!

w w w . n o v u m v e r l a g . c o m

Der Autor

Prof. Dr. Johann Georg „Jörg"
Senn-Bilfinger hat über 30 Jahre
lang als Forscher für die Konstanzer
Pharmafirma Byk Gulden gearbeitet.
Auf seinen Namen laufen über 100
Patentanmeldungen.

Für den Miterfinder von Pantoprazol
ist das Medikament sein Lebenswerk.
Bis heute freut er sich über jede Nennung in Medien, positive Erfahrungsberichte oder
wenn Apotheken in den entlegensten Ländern, in
die er gerne reist, eine Packung auf Lager haben.
Der studierte Chemiker ist verheiratet und Vater
von drei Kindern. Als Professor an der Universität
Stuttgart hielt er von 1999 bis 2022 Vorlesungen
über ausgewählte Themen der Arzneimittelforschung.
In seiner Freizeit sorgt Jörg in seinem Ruderclub
für eine hohe Schlagzahl und fährt Freunden beim
Radfahren davon. Seinem Magen geht es hervor-
ragend.